夏晓虹著作系列

夏晓虹 著

晚清上海片影

图书在版编目（CIP）数据

晚清上海片影/夏晓虹著. —北京：北京大学出版社，2019.11
（夏晓虹著作系列）
ISBN 978-7-301-30839-4

Ⅰ.①晚… Ⅱ.①夏… Ⅲ.①上海—地方史—史料—清后期 Ⅳ.①K295.1

中国版本图书馆CIP数据核字（2019）第215983号

书　　　名	晚清上海片影 WANQING SHANGHAI PIANYING
著作责任者	夏晓虹　著
责 任 编 辑	张文礼
标 准 书 号	ISBN 978-7-301-30839-4
出 版 发 行	北京大学出版社
地　　　址	北京市海淀区成府路205号　100871
网　　　址	http://www.pup.cn　　新浪微博：@北京大学出版社
电 子 信 箱	pkuwsz@126.com
电　　　话	邮购部 010-62752015　发行部 010-62750672 编辑部 010-62767315
印 刷 者	涿州市星河印刷有限公司
经 销 者	新华书店
	650毫米×980毫米　32开本　7.875印张　135千字 2019年11月第1版　2019年11月第1次印刷
定　　　价	59.00元

未经许可，不得以任何方式复制或抄袭本书之部分或全部内容。
版权所有，侵权必究
举报电话: 010-62752024　电子信箱: fd@pup.pku.edu.cn
图书如有印装质量问题，请与出版部联系，电话: 010-62756370

目 录

序 001

上海旅游指南溯源 001

晚清上海赛马轶话 027

车利尼马戏班沪上寻踪 046

飞龙岛自行车琐谈 069

洋场水龙会变迁述略 087

上海道台跳舞会记 112

诞生张园的文明结婚新礼式 137

晚清上海报刊中的秋瑾祖父遗闻 164

黄遵宪与早期《申报》追踪 177

彭寄云女史小考 198

吴趼人与梁启超关系钩沉 220

序

晚清上海成为我关注的对象,既属偶然,也为必然。多年从事近代文学与文化研究,重点虽然不断转移,从梁启超到晚清文学改良,再到晚清女性的生活与思想,进而推及晚清社会的变迁,但无论进入哪个课题,上海都是很难绕开的点。

自1842年开埠以后,有"十里洋场"之称的上海租界,在以其殖民地形态成为中国耻辱的标记的同时,也因快速崛起的畸形繁荣为世人瞩目,从而理所当然地具有了中国早期现代化桥头堡的历史地位。无论是物质层面还是精神层面的西方文化,正是经由上海一隅,源源不断地输入中国,为一般社会所认知与接受。就此而言,晚清上海对于近代史研究的意义,无论怎样强调都不过分。

不过，我之进入上海研究，仍然需要一种特别的契机。长期生活在北京，现实中的上海对于我不免陌生。说来有些不可思议，除却1983年暑假，我曾经利用研究生实习考察的机会到过沪上，再度重来已是将近二十年后。并且，第一次的造访因盛暑难耐（那时既无空调，电扇亦很少），也只在上海古籍出版社的招待所留宿一夜，即仓皇出逃绍兴，上海留在我印象中的，因此仅有城隍庙与豫园。

可想而知，当2000年春，我和陈平原接受百花文艺出版社的约稿，答应为他们编一本以《点石斋画报》为中心、配有相关资料的图文书《图像晚清》时，我对上海的所有认知基本都停留在纸面。当时我在东京大学文学部授课，平原先在北京、后在海德堡讲学，我们之间的合作与分工是：先一起选图，然后，我负责配文，平原则撰写《导论》。

《点石斋画报》与《申报》之间关系密切，不仅因为二者原初同属一个报系，而且，《点石斋画报》的绘图也常常取材于《申报》的新闻稿。为查找与图像匹配的史料，那段时间，我经常坐在东大东洋文化研究所的图书馆阅览室，把大册影印本《申报》抱出送进。这里丰富的藏书与入库的便利，使我的工作效率大为提高。而且，从住处走到此间，只需二十分钟，距离之近也为我在北京不可企及。后来回想，假如没有东大教学这段经历，也就不会有《图像晚清》这一本书。当然，由大量阅读所获得的对于晚清上海的知识，也拓展了我的研究领域，因而最大的受益者仍是我本人。

报纸记者关注细节、锲而不舍的追踪报道，使晚清上海穿过历史的尘埃，生气蓬勃地向我走来。我借机在东大开了一门"《点石斋画报》研究"课，带领日本学生透过图像与题图文字，解读与体贴晚清社会。而在编书与讲课互动的过程中，一些题目也浮现出来，诱我动笔。我在引导学生们观看《点石斋画报》第二号登载的《赛马志盛》一图时，要他们试猜《申报》的第一条新闻是什么内容，然后出乎所有人意料地宣布——"是赛马"，学生和我都大乐。讲解《裙钗大会》时，先前为《图像晚清》配文而重新读过的《二十年目睹之怪现状》，突然灵光一闪，与画面中特别提及的"京都同德堂孙敬和之私妇彭氏寄云女史"接通，这位热心参与筹办上海中国女学堂的彭女士不为人知的个人生活史，竟也借助小说文本透露了若干消息。

大概还是因为不满足于仅仅为他人提供史料，何况确有大量限于篇幅无法纳入《图像晚清》的有趣文字，我于是开始以《点石斋画报》中的一幅绘图为中心，希望从各个角度展示与演义我所理解的晚清上海。窃以为,诸如赛马、马戏之类娱乐话题,以及"谴责小说"的戏谑笔调,都不适合使用庄重的学术论文语言来表达,故而行文的轻松散漫,既受题材诱导,也实为本人一种自觉的选择。由此带来的预料之外的惊喜是,写作的顺畅空前未有。除去因即将归国而多次外出参加聚会、观看演出、到东京各文库复印资料,仅从2001年的2月13日到3月6日间,我便写成了三篇短则六千余、长则九千字的文章。此即收入书中的《晚清上海赛马轶话》《飞龙岛自行车琐谈》与《彭寄云女史小考》。

而先前不足两日的游历,无论如何也不够支撑我的上海想象。于是,日本北海道大学野泽俊敬教授赠送的《上海历史导游地图》(木之内诚编著,东京:大修馆书店1999年版)适时地发挥了效用。这本包含从地名到史迹的检索、以不同颜色与栏框标记新旧地名的历史地图,足以让我在尺幅之间,辨识《点石斋画报》图文所描绘的地理方位。远在日本的我从这里找到的晚清上海的街景,由于直接与画面对应,倒显得如在眼前。

因此不如说,我是先熟悉晚清上海,然后才真正接触现在的上海。或者更准确地说,从2002年再次实地进入上海到现在,尽管每年总有一两次造访的机会,但都是匆匆往返。身为"过客",我看到的上海便多半是车窗里的"风景",那里的街巷对于我仍然陌生。我的感觉是,凭借历史地图,我好像很容易回到晚清上海的现场;而近在身边的现实存在,反而离我远去。

回国后的一段时间,编辑《图像晚清》的印象还很新鲜,写作的亢奋也尚未消退,2001年年底见到上海古籍出版社的王立翔君,我才会轻率地答应,一两年内交出一部关于晚清上海的随笔类书稿。可实际上,当时我手中也只多出了一篇8月在伦敦期间写作的《车利尼马戏班沪上寻踪》。2002年秋,借开新课之机,我专门增设了一门研究生选修课"晚清上海的文化空间",私下的如意算盘是公私兼顾,可以迫使自己加快写作的进度。而要让课程有一个像样的概述性的开头,我又赶写出《上海旅游指南溯源》。只是,一学期过去,却仅成文三篇,距离最初的期望实在太过遥远。

写作放慢的原因,其实是发现需要补查的资料太多,而此时我已不具备举步即至图书馆的便易。而且,2004年7月开笔的《黄遵宪与早期〈申报〉追踪》,仅为探究其中"谁如刘孔结新知"一句诗的出典,草成的文稿即搁置了两年半，写作的兴趣就此完全打断。我当然也有很多借口，比如生病、装修新居、上课、其他书稿的插入，等等，立翔君也一再听到我拖延交稿的各种解释。他起初是宽容的安慰，经过四五年的提示无果，也已绝口不谈，以免增重我内心的愧疚。

重新提起这部已经被我放弃的书稿，还是因为陆灏兄的邀约。由他主编、上海书店出版社印制的一套小开本硬皮图书，字数要求不高，七八万的篇幅，印出来已很好看。于是想到这本半成品或许适宜，有意转给新"东家"。但我与立翔君毕竟有过君子协定，必须先征得他的同意。我说出的理由是，此书延宕日久，再提不起续写的兴致，且比他当初预约的十五万字少太多。不料，立翔君的回信虽则温婉，意思却相当明确：既感谢我一直将约稿之事挂在心上，又表明他之所以不再催促，乃是以尊重作者为前提，相信我的延迟交稿自有隐情；最终还是希望不拘字数，践履前约。

这回又轮到我心中不安。重新编排了目录，发现以现有的文章分辑，《上海道台跳舞会记》与《诞生张园的文明结婚新礼式》明显不够成编，且前面一辑三篇以游乐为主的文字，不免造成对于晚清上海知识场域与精神生活的压抑。为求平衡，我又紧急补写了一篇《洋场水龙会变迁述略》，希图借助原为救火器械的水龙，如何成为娱乐表演的道具，展示近代另一种西学传播的途径。直到此篇完稿，屈指算来，这部书稿从动笔至今，已经跨越八个年头。如此旷日持久的写作，却只拿出这样一册小书，的确令人汗颜。

书名也不便再使用先前拟想的"晚清上海的文化空间"，那更像是一部厚重的学术专著的论题。我的时而出入今昔的漫话方式以及各篇分散的话题，也只是钩稽与呈现出了晚清上海的片断影像。因此，照目前这样，改称《晚清上海片影》，应该更加名副其实。

当然，我必须强调的是，这些有意放松的文字，在资料的准备上却并不轻松。特别是最后一辑考索与上海发生关联的晚清人物四文，大半都曾在学术期刊上发表。或许学术随笔与学术论文之间本不存在深沟巨壑，而是我们对于不同文体的想象拉大了其间的距离。

使我尤为欣喜的是，开课虽然没有达到预期的促进书稿完成的私愿，却着实让选课的学生们对近代上海发生了浓厚兴趣。最直接的成果是，其中一位学生的硕士论文即由此而来。他作的题目《"新闻纸"与"报章体"——

1872—1892年〈申报〉赛马报道研究》，是将课堂上的口头报告扩展开来，讨论《申报》创刊二十年间对各个赛季赛马的报道与新闻文体的演化之间的关系，其问题设置的深度已远远超越我那篇《晚清上海赛马轶话》。所谓"抛砖引玉"，做教师的最大满足莫过于此。

夏晓虹

2008年6月3日于京西圆明园花园

上海旅游指南溯源

以前阅历短浅，学问疏陋，读书只重名家、经典，看不起坊间印行的大众读物。见到相识的日本学者，出高价买一本二三十年代出版的老北京导游书，心中还颇以为不值。又在一著名的日本中国学研究者家中阔大的书库里，发现众多旅行指南一类图册，也觉得大为诧异。那时的印象，似乎高深的学术应该与这种低俗的图书绝不相干，却没有在意对方的解释："对于外国人来说，游览手册其实是了解中国的捷径。"

终于有一天，在试图进入晚清上海，期望重构那个遥远而陌生的社会场景，辨认被时间的尘沙掩盖的每一细节时，我才真正体验到，旅游指南实在是接引我们返回历史现场的最佳通道。其对于地域史研究的重要性，一如日本学者之凭借它感受中国。

我所得见的早期上海旅游指南,大致可分为图、文两类。当然,即使是"图书",也并未完全摒弃文字说明。如最早于1884年出现的吴友如绘《申江胜景图》(上海点石斋印,图1),分为上、下两卷,共六十二图,每图后均系以诗或词。好处是,对于未曾身临其境者,一卷在手,可以想象卧游,这就是黄逢甲在《〈申江胜景图〉序》中所称道的:

图1 《申江胜景图》书影

"抚是图者虽未至申江,而申江之景其亦可悠然会矣";而不足处也很明显,韵文毕竟牵于格律,语焉不详。因此,此书后来虽有仿作,如1894年上海宝文书局印行的谈宝珊绘《申江时下胜景图说》(图2),但图、文的比例已做很大调整。两卷绘图仅三十幅,文字解说倒占了全书一多半篇幅。而这一重文轻图的出版策略,显然更符合游览者的实际需要:既可对景检索,也可案头赏玩。由此可见,文字类的导游书自有其无法替代的独特价值。

图2 《新增申江时下胜景图说》内封书影

而自1842年《中英南京条约》签订,清政府被迫开放广州、福州、厦门、宁波、上海五个口岸城市,上海便以其优越的地理位置获得了西方人的青睐。1843年,上海正式开埠,英人率先设立租界。此后,由畸形繁荣的"十里洋场"所指代的各国租界,便成为上海区别于内地其他城市最特殊的景观。晚清出版的各种沪上旅游指南,于是无一例外,纷纷以洋场风物作为介绍重点。这在第一部导游类著作《沪游杂记》(图3)中已开其端。

图3 《沪游杂记》书影

《沪游杂记》的作者名葛元煦，字理斋，号啸翁、啸园主人，为仁和（今杭州）人。此书写成于1876年（光绪二年丙子），其时，葛氏移居上海已十五年，且寓庐即在洋场。本书的写作缘起在《自序》中有交代：

> 因思此邦自互市以来，繁华景象日盛一日，停车者踵相接，入市者目几眩，骎骎乎驾粤东、汉口诸名镇而上之。来游之人，中朝则十有八省，外洋则二十有四国。各怀入国问俗、入境问禁之心，而言语或有不通，嗜好或有各异，往往闷损，以目迷足裹为憾。旅居无事，爰仿《都门纪略》辑成一书，不惮烦琐，详细备陈。俾四方文人学士、远商巨贾，身历是邦，手一编而翻阅之。欲有所之者，庶不至迷于所往；即偶然莫辨者，亦不必询之途人，似亦方便之一端。

则此书之作，意在指点迷津，性质接近于今日所谓"旅游指南"，已表述得十分清楚。为之撰序的友人袁祖志，即径以"沪游指南之针"相许。不过，晚清文人多少还保留着传统的谦慎习气，葛氏《自序》因此仍不免要在文末逊让一句："若谓可作游沪者之指南针也，则吾岂敢！"

其实，即便以现在的标准来衡量，《沪游杂记》改称"沪游指南"，也完全当之无愧。虽然由于欠缺精密的测绘技术，三张法、英、美租界图只能存其大意，算不上精确，但其力求全面提供最新信息、以供各色人等取用的设计，还是使此书具备了极高的实用性。对于今人来说，则是为复原历史场景提供了最大的便利。单举"美租界图"（图4）上标示的"火轮车路直达吴松[淞]"，以及卷二《火轮车路》一则记录的葛元煦写作之年刚刚建成通车、一年后即被中国官方废止的这条上海乃至全国最早的铁路，该书的及时性与史料价值已可见一斑。

作者明言，此书的编撰以洋场为主，因"上海自通商后，北市繁华，日盛一日，与南市不同。宦商往来，咸喜

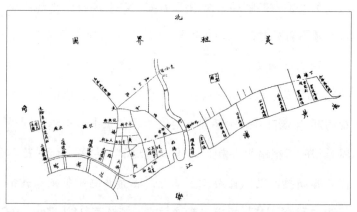

图4　《沪游杂记》中之"美租界图"

寄迹于此。故卷内所载，惟租界独备"，"其城南胜迹"，不过"间及一二"（《弁言》）。据此，全书分为四卷：前两卷用一百五十七条笔记，逐一记述了上海的风俗人情、名胜特产；卷三辑录了时人以沪上风物为题材的诗词歌赋，相当于如今各地风行的"历代名人咏××"，只是因租界开辟未久，此类写作自然也舍古取今；卷四的内容更纯粹为旅游、经商者考虑，详细开列了诸如驻沪各国领事官衔、人名，书画名家特长，申江潮汐时刻，中外货物完税章程，各码头开船时间、路线、里程、票价，电报价目，各会馆、同业公所、洋行商号、钱庄、客栈地址，各戏院名角及擅演剧目等。无怪袁祖志赞为"美矣，备矣，蔑以加矣"（《〈沪游杂记〉序》），谓之应有尽有，确非过誉。

卷三汇抄的歌赋之作，除有意选录的李毓林（默庵）《申江杂咏百首》（选存六十首）系未刊稿，其余大抵采自《申报》。作者皆为江南文人，各逞才思，笔下生花，对于洋场的描绘可谓五光十色，穷形尽态。相比而言，葛元煦的笔墨倒显得相当节制。但在平铺直叙之中，仍见贴切、凝练，恰是难得的"纪略"语言。

不妨抄两节以作范例。如《邑庙东西园》一则，所记虽为"间及一二"的南市胜迹，却是至今游人必至的上海

图5 《邑庙内园》(《申江胜景图》)

城隍庙及豫园一带（图5）：

> 东园即内园，在庙后东偏。回廊曲折，山石嶒峻，结构颇奇幻。岁修为钱业承值。每届令节或兰花会，方开园扉，任人游览。豫园为前明潘充庵（按：名潘允端）方伯所建，地约四十余亩，极亭台池沼之胜。后潘姓式微，园亦渐圮。时申浦初通海舶，商贾云集。潘氏急于求售，众遂以贱值得之，归邑庙，为西园。池心建亭，左右翼以石桥，名曰九曲桥。又有

香雪堂、三穗堂、萃秀堂、点春园诸名胜,堂上皆悬邑神画像。园西北隅有巨石,叠作峰峦,磴道盘旋而上,重九登高者甚众。惜园内竟设茗馆及各色店铺,竟成市集。凡山人墨客及江湖杂技,皆托足其中,迥非昔时布置,未免喧嗔嘈杂耳。(卷一)

其中备述地点、来历、名胜景区,正是道地的指南写法。而园内经商,看来也早有传统。又如介绍租界刑讼情形(图6)的《外国讼师》一条:

图6 《会审公堂》(《申江胜景图》)

> 外国人涉讼，两造均请讼师上堂，彼此争辩，理屈者则俯首无辞，然后官为断结。如中外涉讼，华人亦请外国讼师。小事在会审公堂，大事在外国按察司处审理。讼师之名，中国所禁，外国反信而用之，亦可见立法不同矣。（卷二）

在说明律师作用的同时，也顺带提示了中外司法制度之不同，予人以现代知识的启蒙。这使该书在导游的功能之外，又兼具了上海洋场"小百科全书"的性质。

编写《沪游杂记》时，葛元煦虽正从事"书业"（袁祖志《〈重修沪游杂记〉序》），即开办啸园书局，故眼光敏锐，自觉迎合大众需求；但他肯定也未曾料到，此书日后竟会风光无限，经久不衰。这自然与晚清上海变化疾速有关。

还在葛元煦著书之年，1876年2月7日的《申报》上，即发表过一篇《洋场屡变说》。作者平心居士于道光中"初至上海"，其时正值鸦片战争，英国军舰兵临城下。作者"出北门而一望，则今之所谓'洋场'者，当日乃北邙也，累累荒坟而已"。1849年，其人再至沪上，荒冢已辟为洋场，且"已建洋房几所矣"。咸丰中，太平天国起事期间，作者故地重游，则见"洋房无数矣，繁华极盛矣"。因"各省富贵者皆避地于此,一屋之地数千金,一楹之赁数十金",于是地皮昂贵,楼房林立。迨至太平军失败,上海在富豪离去的短暂消沉后,又再度兴盛,用平心居士的话形容,则是——

> 是时风俗繁华,贸易畅盛。其富商任侠尚豪,挥金如土,以商贾而享用过王公焉;其名妓轻珠翠,厌锦绣,乘玻璃大轿如达官,用大字名片如太史,以妓女而僭越过命妇焉。

奢靡至此,已无以复加。何况,留恋旧梦本是文人通病,落在作者眼中的当前的洋场,便不免透出盛极而衰的迹象。不过,即使感叹洋场"外似有余,中多不足",平心居士比较了中国各省大城市,却仍会公正地肯定,其"皆不及上海之繁华也"。

以如此多变之繁华都会,欲为往来游客随时指南,《沪游杂记》便必得不断修订,才能保证其具备导游类图书及时、准确的基本品格。写作当日,葛元煦对此已有意识,《弁言》中曾发愿"拟于丁丑(按:即1877年)春起随时增修"。只是,这一丙子年冬季许下的诺言,实践起来却颇多麻烦。结果是一拖十年,还要假手于为其撰序的友人袁祖志,《沪游杂记》方才有重修本面世。

袁祖志(1827—约1900)字翔甫,号仓山旧主,浙江钱塘人,为清代著名文学家袁枚之孙。其越俎代庖的原因,从外界需求看,成书于十年前的旧书《沪游杂记》虽因无可替代,仍然为"四方人士来游兹土者""索购不已",但上海"时移物换,小有沧桑",故"坊友屡以重修为请"。而葛元煦本人,则因"近年舍书业而专医术","百忙中竟无此闲暇"重加修订,只好嘱托比他更早履迹洋场的袁氏"代为删修"。袁氏也恰当地运用了原作者授予的修改权,删者有限,功夫多花在"略为增纂"(袁祖志《〈重修沪游杂记〉序》)上。而其改订本又为更多的后来者所承袭,于是形成了以葛著为祖本、袁氏重修本为蓝本的系列出版物,长期占据了导游上海的图书市场。

如同《沪游杂记》的葛序作于1876年冬至日,实际出书已在1877年;《重修沪游杂记》(图7)刊记所载的"光绪十三年(按:即1887年)仲秋之月印",其实也应以"光绪戊子季夏"撰写的袁祖志序为准,校正出版时日为1888年。

袁祖志删去的内容,在《〈重修沪游杂记〉弁言》中说得很清楚:

图 7 《重修沪游杂记》书影

初刊时,卷首有英、法、美三国租界地图及各国通商船旗式样。现因数见不鲜,删除不载。

修订的文字亦随处可见。如在《租界》一则的开头,加上"洋人价买之地,不称买而称租。凡英、法、美三国所租之地,皆谓之租界"数语,作为"租界"的定义。自然,因时移事易而做的改正为数更多。

为了不破坏原书的结构,袁祖志有意将增纂的部分分置于各卷之后。于是,我们可以发现,从卷一的《张家花园》、卷二的《石印书籍》、卷三的《沪上竹枝词》以下，均为袁氏补入。即使增补最少的卷四，也新添了《杭绸庄》《南市洋药行栈》《北市洋药行栈》《各书场著名女唱书》等条。新增的条目所介绍的张园（《张家花园》）与徐园（《徐家花园》），均兴起于1880年代，再加上1890年建成的愚园，是为晚清上海向公众开放的最著名的三座私家花园。值得注意的是，袁祖志在增修时，不仅注目于风景名胜区，对海上时新的人文景观也很在意。如法文公书馆、格致书院等新式学堂，《洋铅聚珍板浇铅板》《石印书籍》《电气灯》《自来水》《德律风》《中国电报局》等条所记述的新技术及其应用，均在著者的视野中占有重要位置。

而袁祖志身为袁枚之孙，本人也承继了乃祖的文采风流。其以引领洋场竹枝词唱和热潮而闻名的创作经历，使他对关涉租界的诗文格外留心。而重修本最鲜明的个人色彩，即体现在补录了多篇时论文章与韵语作品，且其中多数为袁氏手笔。这些增辑并非完全合适，如卷二添加的《选录仓山旧主时事论说新编八则》，话题涉及机器、博览会、律师、纳妓为妾、盂兰盆会等，虽也有助于读者了解当下的上海风气，但已偏离旅游指南言简意赅、点到为止的写法，在该书中便成赘疣。而这刚好显示出袁祖志根深蒂固的文人习气，即使在工具类图书的编写中，也不忘一展其才识。

当然，也多亏了袁祖志的才情，重修本卷一才可能补辑入《仓山旧主书申江陋习》与作为附录出现的《沪游记略》。后文在《申报》1888年6月29日、7月6日、8月3日连载时，未署作者，但很可能同样出自袁氏。二文一破一立，相映成趣。

其实，早在葛元煦录存的吟咏洋场诸作中，已兼具歆羡与警诫两种态度。《沪游杂记》卷三起首采自《申报》的《洋泾浜序》（西泠漱华子）与《冶游自悔文》（白堤过来人），一褒一贬，堪称代表。同样面对纸醉金迷的十里洋场，前者是恋恋不舍：

> 明知色味馨香，回头是梦；争奈莺花风月，过眼兴怀。未免有情，小志沪滨之韵事；于斯为盛，来添海国之清谈。

后者则斩钉截铁：

> 情禅勘破，管他临去秋波；色界参开，任尔醒来春梦。理宜自悟，言尽于斯。借抽黄对白之文，却是裒成集腋；即较绿暗红之事，敢云棒喝当头。

著者将这一团"剪不断，理还乱"的复杂感情，借助他人笔墨，如实呈现给读者。

延续同一编辑方针的袁祖志的态度，因此也不难理解。《沪游记略》将游沪之乐概括为戏园、酒楼、茶馆、烟间、书场、马车、妓院七事，曾经成为一时"经典"。而与之匹配，作为正面立论，袁氏又刊载了自家撰写的《书申江陋习》，斥责"近日风气之坏，惟上海为最"，所举七事，显然有意破解上述的七大乐。而且，即使津津乐道于游宴诸乐的《沪游记略》，也有一段"曲终奏雅"：

> 男子桑弧蓬矢，志在四方，游者所以广见闻、证学问，夫岂游目骋怀、陶情适志云尔哉！游于沪者，当观于制造局之机器，而知功用之巧拙；观于招商局之轮船，而知商贾之盈亏。此外，石印书局、电报局、电气灯、自来火、自来水各公司，皆当一一身历目睹，以穷其理而致其知，复退而与格致书院诸君讲

求而考论之，以求其益精而匡其不逮。夫如是，则可谓不负斯游矣。若仅以游目骋怀、陶情适志如七事者以为沪游之梗概，吾无取焉。

说得也很是义正词严。（图8）不过，无论是葛元煦的原著，还是袁祖志的改本，将辑录诸作合观，其整体效果正好像汉赋的"劝百讽一"，留在世人记忆中的因此仍是冶游之乐，而非财尽情绝的悔恨不迭。至于袁祖志所期望的沪游归宿在汲取新知、格物穷理，对于贪看西洋景的匆匆过客，更多半如耳旁风，被牢牢记住的反倒是占据了《沪游

图8 《上海制造局》(《申江胜景图》)

记略》主体的"游目骋怀"七件快意事。这其实也正映现出编撰者对于洋场又爱又恨的矛盾心态。

《重修沪游杂记》行世后,所谓"后来居上",很快为嗣后各家改编本所模范。仅举曾经我寓目者,以略示其统系:

1894年上海宝文书局刊行的石印本《申江时下胜景图说》,共两卷。此书可说是将《沪游杂记》与《申江胜景图》合于一手。卷上以《沪游记略》开篇,下接《申江陋习》。这一对《重修沪游杂记》排序的颠倒,也暗含着编者眼中的洋场已由爱恨交杂渐变为爱多于恨。以下文字也尽采自重修本,除葛书已录的《冶游自悔文》等,也兼收了袁祖志的《论机器》《论博览会》《论状师》《论纳妓为妾》四文,其他则是择录原卷四、卷一与卷二各条目,而重新编排次序。末殿以十六图。卷下则先刊图十四幅,后在《洋人风气·海外奇谈》题目下,附录袁祖志撰写的《西俗杂志》(未署名);又在《地球图说·各国路程》部分,汇印了《五洲各国统属全图》与李圭的《各国里程日记》。编者的眼光显然已从上海延伸到海外,意在为洋场追本溯源。此书1896年改由上海江左书林略加增补出版,易题为《新增申江时下胜景图说》,两卷一律先图后文。卷上文字照旧,卷下增加了《中西历代年表》《上海租界中西旅籍人数》《西法保险章程》《中西尺量权磅合数》，按照"新增目录"所示，应当还有"上海城厢租界全图"，可惜我查阅的现藏于日本东京大学东洋文化研究所的该书，此图已失落不见。

1895 年由上海花雨小筑居石印的《新辑海上青楼图记》（图 9），系 1892 年印行的《海上青楼图记》的增补本，共收一百一十五幅。除有两幅为姐妹二三人合图，其他均系一人一图，附一小传。"新辑"本除新绘数十幅名妓图像（图

图 9 《新辑海上青楼图记》
内封书影

图10 林黛玉小像（《新辑海上青楼图记》）

10），又搜集了《海上名花尺牍》与《花间楹联》置于卷首。后者不少取自《重修沪游杂记》卷三中袁祖志所撰同题之作。最末的卷六为《海上冶游琐记》，专详于妓院各事。而《沪游记略》则被改题为《沪游杂记》，置于篇首，俨然成为提纲挈领性导游文字。

1898年沪上游戏主（疑为李伯元）编辑的《海上游戏图说》（图11），又兼取《重修沪游杂记》与《新辑海上青楼

图 11 《海上游戏图说》书影

图记》二书的编辑思路,再加增补。书分四卷。卷一首列《四大金刚像》并小传,而林黛玉、陆兰芬、金小宝、张书玉之并列"海上四大金刚"(图12),出处即在李伯元主持的《游戏报》所评花榜。与《新辑海上青楼图记》相比较,林黛玉的脸形虽由圆变长,小传中的年龄也由"年华廿三"更改为"年华三八",出自"沪上好游客"的《沪北花莺统领林黛玉小像》之文字,却大抵为沿袭"浙西秋水馆主人"

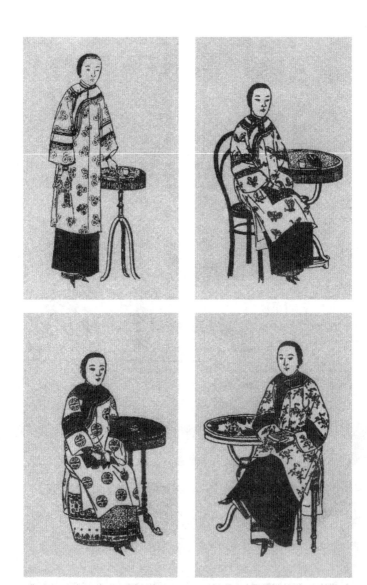

图 12 "海上四大金刚小像"(分别是林黛玉、陆兰芬、金小宝、张书玉)(《海上游戏图说》)

的《林黛玉》而成。随后的二十幅《海上快乐图》，绘图方式已与前述诸作大相径庭，其带有情节性的场面描写，更近乎李伯元后出小说中的插图。接下来的《海上名花尺牍》，既于《新辑海上青楼图记》之作有所取舍，也有补录。卷二则延续了自《申江时下胜景图说》以来的体例，也以《沪游记略》开头。不过，如果细加比勘，可以发现，在不断重刊中，此篇文字其实也小有改动，因为娱乐场所与消费价格并非一成不变。以下专以妓女为话题，杂录诗文，或取袁祖志重修本旧有论说，但也仿袁例，添入己作，大抵应采自《游戏报》，只是因未署名，尚难一一指认。卷三前半仍录诗词歌赋，兼及小品谈丛，取材半新半旧，但已扩及其他游乐。从卷三后半到卷四，则大体抄自《重修沪游杂记》各条目。

可以顺便一提的是，还有一册今人发现的《沪游梦影记录》抄本，署"海天烟瘴曼恨生戏编"，经胡珠生考证，认为是浙江瑞安人池志澂（1854—1937）所撰，大约写于1893年。但此文最多可说是《沪游记略》一文的扩写本，虽也有作者个人的游历经验，而其基本思路，毫无疑问是来自那篇被多次转载的名文。当然也应该承认，池氏到底比袁祖志晚出生二十来年，所见游沪之乐又有不同。当其

19世纪90年代初旅居上海时,正赶上了沪上私家花园的兴盛期。这在他的"梦影"中也留下记忆,写出来便成"八事"。多出的"花园"一段描述,也因此成为该篇最有价值的部分。

回到文章开头的说法,有了上述如许多的旅游指南文本,若耐心比对,以洋场为中心的晚清上海二十年间的变化,将可丝丝入扣地复现在我们眼前。以《静安寺》(图13)一则为例。在葛元煦笔下,1870年代的静安寺尚残破、冷落:

图13 《静安寺》(《申江胜景图》)

> 寺在城西北十余里，规模向宏敞，今则倾圮居多。门临马路，与法华东镇相距数里。每年四月八日为浴佛会。地本僻静，互市后马车盛行，游人始驻足焉。

到1880年代，气象已大不同。十年前"经乱半成焦土"的废寺，"今已重建，焕然一新"。浴佛会上，也有了"乡人于是日互市农具"的交易。而静安寺的复兴纯粹系于新式交通工具——马车的出现，这在葛元煦的叙述中已露端倪，袁祖志又加突出，谓之：

> 近来马车往来日盛一日。因左右有申园、西园，游人如织，寺名乃更著焉。

查《申园》与《西园》二条目均始见于《重修沪游杂记》，到《海上游戏图说》又一并隐去。其间的缘故，在《沪游梦影记录》中有说明："今则愚园一开，而两园皆寂寞尘飞。"因此，《海上游戏图说》的专记愚园——"而浙宁张氏，遂创设愚园一所，以供游人驻足娱目之处"——以之为"马车往来日盛一日"与"游人如织，寺名乃更著"的原因，正是顺应时事。此时的浴佛会更成为上海的一大盛事，市集的物品也从单一的"农具"变为"百货"，规模更大，由此彻底结束了静安寺因偏僻而冷清的历史。

综观各书对海上繁华的不断述说，读者犹如《红楼梦》中的刘姥姥三进荣国府，被作者引领着，一遍遍地仔细阅读上海这座新兴都市的不断"变脸"。只是，贾家走的是下坡路，而在沪游指南诸作者笔下，上海却是日新月异、欣欣向荣。无可否认，在享乐趣味的诱导下，总有些事实（甚至是基本状况）被遮蔽或视而不见。但起码，这些文本还是提供了一个城市成长史中大量丰富、生动且难得的细节。

2002 年 10 月 1 日于京北西三旗

晚清上海赛马轶话

赛马虽然是世界性的体育运动，但最钟情此道者，仍然非英国人莫属。电影、电视中常见的英国绅士漂亮潇洒的纵马跨栏镜头不必说，单是被英国统治百余年的香港，在回归之前，也曾由中国改革开放的总设计师邓小平郑重宣布，"马照跑，舞照跳"，便不难窥见港人浸染此风，已痴迷到何种程度。

有一则玩笑话，说香港人最喜欢孙中山先生的"博爱"二字题词，制成徽章，广受欢迎。原因是"博爱"从另一侧读，便成"爱博"，正合了港人酷爱赛马的特殊嗜好。我有幸在1997年以前去过几次香港，倒没见识过这枚有趣的胸章。不过，周六下午上课时，学生常会迟到。问起原因，竟也与马场开赛、道路拥挤有关。

说来惭愧,我自己至今未进过赛马场。只是当年每每路过北角那所"英皇御准香港赛马会"场外投注站,见到川流不息的男女老少,边听实况转播,边买马票,总不免好奇。也时常猜想,那些蹲在墙根的"穷人"(其实我并不知道他们的身份),一定是没钱入场而又做着发财梦,才到这里碰运气。这应该是赛马能成为香港"全民运动"的主因。不过,问过香港朋友,他们的说法倒是两样:"'马迷'们未必因为无钱进场才去投注站。大概不是每个打工的人都花得起时间到赛马场,再者他们也未必愿意,因为一些人只想玩玩。妇女们投注后可能还要去街市,方便反而是最重要的。"

场外的小打小闹也许还比较容易自我控制,入场者受周围气氛的裹挟,则很可能无法自拔。夫君曾经亲临其境,对"修女也疯狂"的场景深有感触。起先雄心勃勃,打算为我赚一只车轮回来(那时曾戏言买车),最终是把赢来的一小笔钱,连同带进场的赌本全部输掉了事,好在他原是"小本生意"。带他入场的一位叔叔却不同,那是位道地的"马迷",装备了现代化的下注机,钱是直接从键盘上划走,输了也毫无感觉。现在他已破产,据说主要是因为炒汇,但我总以为那和赛马有关。

说起来，英国人不只把赛马的风气带到香港，晚清上海租界里的赛事更是热闹非凡，在中国可拔头筹。久居沪上的袁枚之孙袁祖志曾有一说："向称天下繁华有四大镇：曰朱仙，曰佛山，曰汉口，曰景德。自香港兴，而四镇逊焉；自上海兴，而香港又逊焉。"（《〈沪游杂记〉序》）移之赛马亦然。晚清上海租界虽有英、法、美之分，最有实力的"老大"却是英国。跑马盛极一时，自然源于英人根深蒂固的癖好。

今天的读者肯定难以想象，假如问你，当年上海最有影响的《申报》刊登的第一则新闻是什么内容，只怕你穷思极想，也不会猜到，那竟然是关于赛马的消息。"奇文共欣赏"，还是先从1872年4月30日《申报》创刊号登载的《驰马角胜》中节抄一段，以作标本：

> 西人于廿二至念四日，连日驰马角胜负。定于十二钟驰三次，停一点钟，稍为休息再驰，至夜方散。当其驰马之际，西人则异样结束，务求精彩。或二三骑，或三四骑，连辔而行，风驰电疾，石走沙飞，各向前驱，不为后殿。倘行次齐整，无有参差，则胜负均焉。若一骑稍有前后，则高下立判。胜者扬

扬自得,负者退然气沮。而旁观则私相赌赛,以马之优绌,判我之输赢。如甲谓马之赤色者胜,乙谓马之白色者胜。倘赤者稍前,则甲胜矣;白者稍前,则乙胜矣。其胜负以朱提数万计。中国之六博、蹋鞠、斗鸡、走狗诸戏,虽极喧阗,无此盛举也。

报纸流布远近,或恐外地读者未尝亲至赛场,艰于想象,记者于是对赌马规则详加说明。身处开放前沿,沪人自也多了一份比较眼光,不免将跑马与中国传统的博赛游戏相比,后者于是相形见绌,成了"小儿科",以其场面、声势皆欠宏大也。

无独有偶,《申报》登载的第一篇纯粹的文艺作品,署名"南湖蘅梦庵主"(哈佛大学的韩南 [Patrick Hanan] 教授认为此人即《申报》早期主编之一蒋其章)写作的七古长诗,竟也是《观西人斗驰马歌》(1872年5月2日《申报》第二号)。作为掌故,一并录下:

春郊暖裛杨丝风,玉鞭挥霍来花骢。西人结束竞新异,锦鞯绣袄纷青红。广场高飐旗竿动,圆围数里沙堤控。短阑界出驰道斜,神骏牵来气都辣。二人并辔丝缰柔,二人稍后飞黄虬。更有两骑同时发,追风逐电惊双眸。无何一骑争先驶,参差马首谁相避。后者翻前前者骄,奔腾直挟狂飙势。草头一点疾若飞,黄鬃黑鬣何纷披。五花眩映不及瞬,据鞍顾视犹嫌迟。四蹄快夺流星捷,尾毛竖作胡绳直。须臾双骑瞥已回,红旗影下屹然立。名驹血汗神气间,从容缓辔齐腾骞。后者偃蹇足不前,桥根盘辟斜阳天。是时观者夹道望,眼光尽注雕鞍上。肩摩毂击喝彩高,扬鞭意得夸雄豪。健儿身手本趫健,况得骥足腾骧便。兰筋竹耳助武功,黄金市骏真英雄。胡以迟疾决胜负,利途一启群趋风。孙阳伯乐不可得,谁能赏识超凡庸?遍看骠骑尽神品,安得选备天闲中,与人一心成大功!

比之前述的新闻报道,诗作的铺叙更觉详尽且生动形象。而且,与记者的客观陈述不同,诗人显然有自己的价值判断,即只赞赏赛马,而斥责与之共生的赌博。结尾的议论尤透出中国文人的虚矫与迂执。已经花了大量篇幅仔细描绘跑马争先的场景,足见作者之倾倒,却又唯恐招来"玩物丧志"的责难,故在最后兜回一笔,设想将这些骏马选录到皇帝的马厩(天闲)中,以为国效力。此乃所谓"化无用为有用"的妙法,却未免功利心太盛,倒人胃口。

如果考虑到《申报》的老板乃是英国人美查(Ernest Major),则该报之特重赛马便也不能算十分离奇。并且,此后《申报》对于马事的关心也始终不变,每逢开赛,均毫不厌烦地一再称说。

也应该承认,每年的赛马活动确为申江盛事。写作《驰马角胜》的记者便曾施展中国文人拿手的四六滥调,极力铺陈中西游客蜂拥而至的盛况:

> 西人咸往观焉,为之罢市数日。至于游人来往,士女如云,则大有溱洧间风景。或篮舆笋轿得得远来,或油壁小车辚辚乍过;或徙倚于楼上,或隐约于帘中:莫不注目凝神,观兹奇景。而蹀躞街头者,上自士夫,下及负贩,男女杂沓,踵接肩摩,更不知其凡几矣。昔人所谓"前有坠珥,后有遗簪",方此之际,殆又甚焉。诚海内之巨观,古今所仅有者也。

类似的文字描述,在以后《申报》关于西人节庆活动的报道中屡见不鲜。虽是陈词,但其所揭示的不分阶层、无论男女,均可到场参观的情状,对于远方的读者必有强大的诱惑力。

晚清上海租界的大面积存在与畸形繁荣，使之成为展示西方文明的最佳窗口。国人不须远渡重洋，即可领略异域风光，于是到上海观"西洋景"顿成坦途，十里洋场在众多官绅士商的心目中更荣升为游乐首选地，以至时人会发出这样的惊叹："遂令居于他处者，以上海为天堂，而欣然深羡。或买棹而来游，或移家而寄居。噫！人果何幸，而得处于上海耶？"（《记上海古今盛衰沿革之不同》，1898年7月3日《新闻报》）而每年举行的跑马赛事，正是构成此"西洋景"不可或缺的重要部分。

葛元煦于1876年编成的第一部近代上海导游书《沪游杂记》，卷一部分便专有《赛跑马》一条，言简意赅，后屡被各书抄袭。文曰：

> 大马路西，西人辟驰马之场，周以短栏，所以防奔轶也。春秋佳日，各赛跑马一次，每次三日，午起酉止。或三四骑，或六七骑，衣则有黄红紫绿之异，马则有骊黄骝骆之别，并辔齐驱，风驰电掣。场西设二厂，备校阅，以马至先后分胜负。第三日，增以跳墙、跳沟、跳栏等技。是日观者，上自士夫，下及负

贩,肩摩踵接,后至者几无置足处。至于油碧香车、侍儿娇倚者,则皆南朝金粉、北里胭脂也,鬓影衣香,令人真个销魂矣。

这节文字介绍了赛马在上海每年分春、秋两季举行,顺便说一下,春赛在四五月间,秋赛则多见于11月中。竞赛三日,以最后一天技巧难度最大,故观众最多。1896年出版的《新增申江时下胜景图说》(上海江左书林版)中《赛跑马》条,在大体沿袭葛文之外,又稍作补充。既指明此跑马场之具体位置,是在"大马路泥城桥之西",按之今日的上海地图,大致在人民公园、人民广场一带;又指出竞赛的危险性(图1)与投赌的操作法:

或有跌于马下者,或有被马踏伤者,时或有之,西人不足为异。跑马场之围外,设小房一所,专购彩票,不论洋人、华人,均可购买。待跑马一次过后,当时即行开彩。跑一次则开一次,著则不过数元或数十元不等,较之吕宋票易得数倍也。

至此,有关跑马场的知识已可称完备。

图1 《一蹶不振》(《点石斋画报》)

不过,早期的描述仍囿于文字而无法直观,不仅辞费,而且也令人难以精确复原。此一缺憾直到1884年5月由美查创办的《点石斋画报》问世,才得到弥补。《画报》第二号即刊出《赛马志盛》一图(图2),淋漓尽致地描画出赛场与观众两方面的情景。与最外圈的平坦不同,跑马场第二圈中有沟、墙、土堆等障碍物,应该是第三日比赛的主要场地。画面下方,对中国看客作了集中摹画:有人站观,有人坐看,也有乘轿乘车者。单是车的种类,便可说

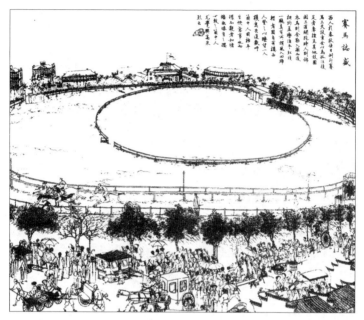

图2 《赛马志盛》(《点石斋画报》)

是将当日上海街市上见得到的车型荟萃于尺幅之间。老式的如独轮小车,新式的有从日本引进的人力车,从西方学来的马车。马车又有多样,按照池志澂(海天烟瘴曼恨生)大约撰于1893年的《沪游梦影记录》(《沪游杂记·淞南梦影录·沪游梦影》,上海古籍出版社1989年版)所述:

西人马车有双轮、四轮之别,一马、两马之分,以马之双单为车之大小。其通行最盛者为皮篷车，而复有轿车、船车，以其形似轿似船也，轮皆用四。近更有钢丝马车，轮以钢不以木，轮外圈以橡皮，取其轻而无声，诸姬争效坐之。有两轮而高座者，更名曰亨生特。（按：又有作"亨特每"与"亨生每"者，未知孰是。）亨生特者，犹华言其物之佳也。

凡此数种马车，图中多半已绘出（图3）。只是《申报》记

图3 《华人乘马车脚踏车》(《申江胜景图》)

者十二年前因"华人观者过众,几于无处容身"而提出的建议:"倘有人能于隙地,编以蓬茨,成一平台,俾观者居其上,而少取其值,则既可以从中获利,而亦无拥挤之患矣,岂不甚善?"看来并未获得响应。道理也不难明白,此处虽在上海,却属租界,中国人并不受到照顾。

而从图画上方的文字则可知晓,被中国画家推到远处的西人,却占尽了地利。此段说明写得相当精彩,与精描细绘的图像相得益彰。文不长,为节省读者目力,一并抄出:

> 西人于春秋佳日,例行赛马三天,设重金以为孤注,捷足者夺标焉。其地设围阑三匝,开跑时,人则锦衣,马则金勒。入阑而后,相约并辔。洎乎红旗一飐,真有所谓"风入四蹄轻"者。围角有楼,西人登之以瞭望。一人获隽,夹道欢呼。个中人固极平生快意事也,而环而观者如堵墙,无胜负之撄心,较之个中人,尤觉兴高采烈云。

已经懂得运用透视法的画家,其笔墨既着重于竞赛场上及中国观众一侧,自无法以同等比例兼顾置于对面场外的西人。配图的文字正可补阙，将缩小的影像"放大"，以济画笔之不足。而撰文者显然是取一般未下注人的视角，故可超越于胜负之外，得到最大快乐。

从骏马方面立说，"南湖蘅梦庵主"的引申失之于牵强；若就人而论，《申报》主笔黄协埙的概括倒还算贴切，所谓"西人于游戏之中，仍寓振作之意"（《淞南梦影录》卷二）。以此为观察点，便可从1898年发表的《上海春赛竹枝词》（见陈无我编《老上海三十年见闻录》，上海大东书局1928年版；发表时间据诗意推算）中，读出暗藏的嘲讽。作者足足用了一半篇幅，细写"真个令人销魂矣"的"南朝金粉、北里胭脂"：

马身扎彩也争光，皮叶新车意气昂。
扮得马夫如簇锦，就中最是四金刚。

柳边小憩略从容，高坐车中暂驻踪。
强似登台赁板凳，凉篷扯起树阴浓。

……

奇园楼峻吃茶时,鬓影衣香杂坐宜。
要学时髦看子细,金丝眼镜鼻梁骑。

黛玉、兰芬艳誉夸,今朝昨日不同车。
为嫌皮叶多风日,轿式玻璃四面遮。

马龙车水骋平原,并坐鹅鹈笑语喧。
略看骅骝跑几次,振鞭且去到张园。

圈子兜来已夕阳,马车辘辘载红妆。
观跑犹有余波在,争似西人赛一场。

号称"海上四大金刚"的林黛玉、陆兰芬、金小宝、张书玉,恰如张岱《西湖七月半》中所写的"名妓闲僧"一流人,"亦看月,而欲人看其看月者"。因而,其来赛马场,自我感觉也如同进入交际场,在服饰与车骑上必得争奇斗艳,不输于人。在西人的场内竞技之外,这班名妓又开辟出第二赛场,却是比豪奢、斗马车,难免不让人齿冷。

　　只是当年前往观赛的人们,却不似我辈有着如许多的忧患负担。相反,"金刚"们的临场恰可激起兴奋,斗宝更足令人大饱眼福。无怪乎每言赛事，作者们均对"鬓影衣香""溱洧风景"津津乐道，念念不忘，只因其已然构成跑马场外一道不可少的"风景"。

最后需要补充的是，"南湖蘅梦庵主"的《观西人斗驰马歌》并非最早见报的赛马题材诗作，1869年4月的《教会新报》第一卷第三十三号上，先已刊登过一位姚姓中国文人撰写的《看西人跑马歌》。此作并非本人投稿，乃是其友宋书卿读而爱之，主动向该刊举荐。宋为此专门写信给主编、美国传教士林乐知（Young John Allen），称"斯歌是言西人之善骑，描摹毕肖焉"。因此请求"阁下务希镌入《新报》，达诸远方，庶令未觏西人之跑马于申者，观此亦可想像而得之矣"。

而自创刊后，《教会新报》只刊发过少量诗歌作品，且都与传教相涉。突然登载姚君无关宏旨之作，必定让林乐知颇觉为难。为此，他特意写了一则《本书院主人专请正诗》，主题是正面解释为何不多刊载"教友送来请刻《新报》之送行赠别诗序""赞美圣父、圣子、圣灵三位一体之诗"以及"劝戒鸦片之词调"，原因是中国已译出之赞美歌有"重复""拗口""不接不连""不贯不通"等诸多毛病。林乐知的说法是，投稿教友既"抱负诗才"，"何不照已翻就之歌，平仄长短,细细检点;所翻赞美诗歌,有不妥之处,重新翻译",以求达到"十全十美,一可在堂赞美之时同声唱和,二可免外教人见赞美诗有瑕疵也"。

如此推挡之后,对发表与"有益于圣教"题旨更远的《看西人跑马歌》,林主编自然也应该作出交代,于是有了上文的附录《附论〈跑马歌〉》。开头先承认:"至于今次所刊《跑马歌》,本不应入《教会新报》。缘跑马一事,昔时外国乃操练人马之气力,近来上海似乎赌博,故不当刊在《教会新报》。"但随后的处理措施也只有"是特附此"一句,即是说,写一段文字以正视听,便自以为能够起到"消毒"作用。当然,下面还有一番"义正词严"的批判:"再之,诗本借故借典,难免虚情假意,恐教友则不宜也。倘正大光明,真正出于正经书籍抑或圣书之典,亦无不可矣。"只是这些话说得前后矛盾,让人无所适从。写诗既被判定为"虚情假意",教友不宜;真正引据"圣书之典"的作品又被劝告不必著,因更有打磨赞美歌的急务在。而害得林乐知落入这般尴尬境地的,其实还是赛马那"挡不住的诱惑"。

尽管这般小心设防,读者的反应却仍然相当激烈。四个月后,林乐知又接到宁波教友朱杏舟要求刊登的来稿。

因《广州新报》转载姚氏《看西人跑马歌》，有人著论抨击，朱杏舟摘录其说，并加按语，以表不满。指责集中在该诗描写西人驰马状的"短衣稳坐猕猴精""宛如树上跳鼯鼯"数语，朱等人以为"实大悖乎圣书"，对西人西教"甚有藐视之意"。因"彼云，西人之貌宛如猩猩，亦目其道与《西游记》相仿"。这对于诸人"六合之间，惟一天父；四海之内，皆属兄弟"的信仰，无疑是极大的伤害，所谓"兄弟岂可视其若禽兽"。忠诚的信徒们于是愤不可遏，斥为"如此糊言，亵渎救主"。最温和的表示，也属于改邪归正的规劝："吾愿诸公细究真道，信倚救主耶稣之功，始有赎罪之法，庶沉沦永免，同登天域，则万国竟如一家矣。"

面对这样严厉的批评，发表姚作的林乐知自觉当负连带之责，故再次挺身答辩。他先是解释当初已知该诗"不合《教会新报》所印，姑因送歌做歌者皆非教中人，勉为刊印"；既而反守为攻，举出众多诗句为例，说明文学创作必有润饰，不可死抠字眼，因为那反会误解诗意："余思凡做诗者，措词借典，中外国人往往有之，不便与其辩也。"更推进一步，即"以其人之道还治其人之身"，竟谓之："而圣书中多有此类为譬喻，倘照此议，则圣书亦当生议论也。"

可见林氏态度相当开明。因此，在他眼中，《看西人跑马歌》非但毫无贬讥之意，反倒是"皆夸西人灵活有胆，意余无他故耳"。不过，林乐知毕竟为教会中人，此次虽然辩过，但还是不愿授人以柄。为减少麻烦起见，他在篇末也不得不提醒投稿者："但本书院望送诗者亦当留意，做者去其虚浮典故，若圣道诗章，更亦去罔谈之事为要。"（俱见《宁波寄来摘录〈广州新报〉内西人跨马歌论》，1869年8月《教会新报》一卷四十九号）当然，留在最后的还是上引圣书设譬的话头，以示驳论到底。

下面抄录的就是为《教会新报》招来非议的《看西人跑马歌》：

西人跨马马路行，削木为垣泥筑城。天公为放三日晴，驱马出城马阵成。马群千百纵复横，黄骠紫骠非一名。马车压阵辘辘鸣，六辔在手尘不惊。一骑突出霜蹄轻，十骑百骑纷逐争。以人习马马骨平，马惯骑人眼不生。短衣稳坐猱猴精，长鬣浓垂气峥嵘。一鞭顷刻十里程，风驰雨骤送且迎。宛如树上跳鼪鼯，又如烟外流黄莺。忽若电闪激火星，忽若水面行雷霆。长竿一指骏足停，马立四野皆无声。徐行缓辔细柳营，伯乐于此窥全形。我朝尚文久息兵，西人安分不变更。回思天骥下神京，共乐承平四海清。

2001年2月17日于东京弥生寓所

5月21日补写于京北西三旗

车利尼马戏班沪上寻踪

记得1960年代初,在北京的北海公园后门口,常能看到杂技表演的巨大广告。印象最深的是一幅"飞车走壁"的画面,车手几乎"横行"在略微倾斜的墙体上,让人看了提心吊胆。那时,年纪还小。家长们大概认为,孩子们都会对这类特技表演感兴趣。于是,有了几次全家入场观看的经历。不过,好像一直没有见到广告画上的场景,而我的缺乏幽默感与好奇心,也使我对小丑的插科打诨以及魔术师的灵巧手法无动于衷。即使是笨拙的狗熊踩动着皮球而未失足落地,小狗们用叫声回答"老师"的加、减法提问,看过一次后,我也不再思念。

"文革"十年,这类"资产阶级"消遣的玩意,自然从"无产阶级"占领的文艺舞台销声匿迹。到了1980年代中期,借改革开放的东风,有位香港同胞曾经运了一头海豚到北京,在工人体育馆进行表演。我也去观望过。场地中间修了个巨大的水池,胖胖的海豚在训练师的导引下,或直立水面"行走",或连续跃起钻圈,让从未见过此物的北京人大开眼界。不久后听说,由于过分卖力与水土不服,那只聪明的海豚累死了。希望这是个误传。记忆中,那是我在国内看的最后一次动物表演。其实,包括魔术、杂技与马戏,在我都是久违了。不只是我提不起兴致,这类演出在北京的近乎绝迹,也说明国人想象力与好奇心的衰退,虽然现在已是娱乐更多元化的时代。因此,从晚清的书报中,看到当年上海人对马戏的热衷,倒生出几分羡慕。

西方马戏团何时打入上海,我没有做过认真考证。起码当1876年葛元煦撰写第一本上海指南《沪游杂记》时,已专门列出《外国马戏》(图1)一条,对其特殊的表演场地与演出内容做了仔细介绍:

> 西人马戏以大幕为幄,高八九丈,广蔽数亩。中辟马场,其形如球,环列客座,内奏西乐。乐作,一人扬鞭导马入,绕场三匝,环走如飞,呵之立止。复扬鞭作西语,马以两前足盘旋行,后足交互如铁练

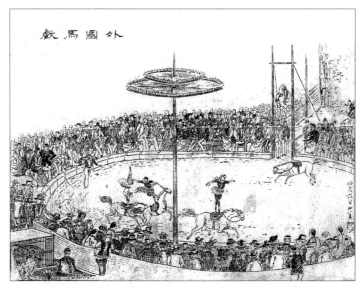

图 1 《外国马戏》(《新增申江时下胜景图说》)

状。旋以手帕埋泥中,使马寻觅,马即衔帕出。场内又设一桌一杯,内注以酒。摇铜铃一声,马屈后足作人坐,以前足据案,衔杯而饮。少间,一西女牵一马,锦鞍无镫,女则窄衣短袖,跃登其上,疾驰如矢。女在马上作蹴踏跳踯诸戏,有时翘一足,为商羊舞,或侧身倒挂,似欲倾跌者。复使人张布立马前,马从布下驰,女起跃,仍立马上,三跃三过,不爽分寸。又一西人锦衣驰马,矫健作势,与女略同。使人执巨圈特立,马自圈下驰过,人则由圈内跃登马上。自一圈至六圈,轻捷异常。其余诸戏,备诸变态,绝迹飞行,诚令人目不及瞬、口不能状也。

按照文中的描述,骏马确实扮演了主角,译之为"马戏",倒还贴切(图2)。问题是,后来的"马戏"中也包含了魔术、杂技的成分,其他动物亦竞相登场,这大概是国内嗣后统称为"杂技"的原因吧。

图2　《车利尼马戏》(《申江胜景图》)

按照19世纪80年代《申报》主笔黄式权的记述：外国马戏团来"沪上已演过数次，惟车利尼班最为出色"。这从当时上海的时髦人物，少有未看过该班马戏者可见一斑。所以，小说《孽海花》(上海小说林1905年版)的主人公金雯青初到十里洋场，作者也急忙安排他"看了两次车利尼马戏"(第四回)，才算有混迹上海滩的资格。黄式权眼光所及不免偏向："青楼妙伎，菊部雏伶，锦障银鞯，络绎不绝。雷轰电掣之余，呖呖莺声，忽尔啭从花外，亦觉耳目一新。大家眷属，亦间有肩舆而至者，真有'万人空巷斗新妆'之概。"(《淞南梦影录》卷二，上海申报馆1883年版)而看客中男士以外，女性亦多，也成为车利尼班广事招徕的资本。出现在广告词中的"且有佳丽妇女在坐，故裙屐少年趋之若鹜"(《新到枝亚理尼马戏》，1886年5月30日《申报》)，便利用了如黄氏一般观众的心理大做文章。

在《淞南梦影录》中，黄式权记载车利尼（G. Chiarini）为"美利坚人"。不过，《申报》1886年刊登的该马戏班自费广告（图3），却有"枝亚理尼演以大理亚国皇第一班之马戏兽戏，极繁华美丽巧妙之事"（《新到枝亚理尼马戏》，1886年5月16日《申报》）的说辞。琢磨了好久才明白，"枝亚理尼"者，"车利尼"也；"以大理亚"者，"意大利"也。再回看

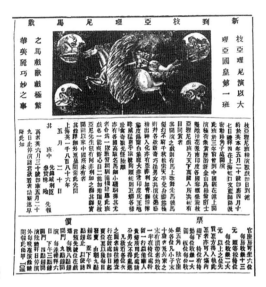

图 3 马戏广告（1886年5月16日《申报》）

1882 年 6 月该班在上海首演时所作中英文广告（图4），在"西国头等马戏兽戏"之下，配的英文正是"G. Chiarini's Royal Italian Circus and Performing Animals"（《西国头等马戏兽戏》，1882 年 6 月 24 日《申报》）。因此，车利尼本人连同他所率领的马戏班乃来自意大利，应是确定无疑。当然，所谓"皇家第一班"的标榜未见得可靠。

车利尼马戏班 1882 年夏首次在上海献技。黄式权专记沪上风土人物的《淞南梦影录》，对此也有专条记述。除葛元煦称说的马寻手帕，女骑手跃横幅亦在戏单内，而其

图4　马戏广告（1882年6月24日《申报》）

身姿之矫健、优美，则从上引广告中可略窥一斑。六人立于桶上，分站两侧，拉住一方白布的图画，显然比葛、黄二人的简单描述更为传神。此外，车利尼班的马戏还有绝招：一是在马上"叠罗汉"："一人跃登骑马者之顶，叠登六人，高与屋齐，而马不停蹄，人不颠蹶"；一是骑马放炮:"忽一女子怒马突出,口衔卅余磅之铜炮,攀机一发,石破天惊,而炮仍不堕,其齿力真不可以数计矣"。不过,该班的演出并不限于"马戏",其他动物的表演也很抢目。如黄式权写到的"虎戏":

> 末后,四人拉一大铁笼出,笼畜二虎,一黄一黑。黑者尤猛,大声怒吼,声震林木。有长生者,能入笼中,使演诸剧。虎皆帖耳垂头,略不奋怒。

虽然"诸剧"是何内容语焉不详,但猜想这应该是车利尼班更得沪人欢迎的原因。而且,其所做广告中,本以"马戏"与"兽戏"相提并列,后者自应有招徕观众的独特魅力。

四年后,即1886年夏,车利尼马戏班再度来沪。本文拟对此次演出活动略加追踪,以见晚清上海社会的趋新好奇风气。

有了第一回的成功垫底,卷土重来的车利尼班这次尚未登陆上海,已是先声夺人。1886年5月16日的《申报》上,首次刊出了由该班先锋威利臣、参赞咪吔署名的广告《新到枝亚理尼马戏》。尽管在广告上方的图画中,动物主角仍是奔马,而文词开篇的预告却偏偏强调:"枝亚理尼班精演兽戏即日到沪。"预计的演出时间为5月20日至6月30日（实际为5月21日至7月7日），有一个多月，比首次的连演两月（1882年6月15日至8月17日）时日稍短。虽星期日停演，但周六加一日场，故平均下来仍是每天开演一次。从马戏班的角度讲，沉重的行头移动不易，到一地设场，自是以表演天数多合算。而从上海设想，"每夜观者约二三千人"（《淞南梦影录》卷二）的排场能维持四十多天到两个月，也可见沪人之痴迷。

广告的重心还在自我表彰。业绩方面，"此班于三年（按：应为'四年'）前曾到中国，经在沪上开演，极荷众赏"，有黄式权的记录为证，我们可以相信。接下来说其周游列国，从新金山（即澳大利亚的墨尔本）到南印度，"夺标荣旋"，亦尚可接受。不过，一旦推广到"枝亚理尼戏班乃天下万国人所共称、有目同赏者"，则有夸张失实之嫌。马戏班较之其他的演出流动性大，本来不错；但要走遍天下，谈何容易。后面我们会看到，即使走出上海，对车利尼班也非易事。

倒是对所演节目的揭橥，乃随身技艺，确可信服。而其宣传的焦点，一是奇，一是新。"奇"足以眩人眼目，勾起兴趣，不难理解；"新"则可使人每见不同，不因三年前的阅历而放弃再次临场的快乐：

> 其开演之戏，则有马上歌舞，走马换马，变幻不穷；千秋［秋千］软索，天平兑身，尽态极妍。并各款新奇巧法，男女共演，技熟艺精，出神入化。

这是自演员方面说。而动物的阵容也颇可观："亦有亚［阿］非利加（按：非洲）青狮，狰狞态度；锡兰白象，庞大非常；印度虎王，咆哮威猛；与乎猿号狗头，蛇则巨蟒，各样珍禽奇兽，光怪陆离。"马戏团最重要的角色自然也不会遗漏，且同样名品荟萃，济济一堂："亦有各国高骏名马，细小骊驹，择其尤者，合为一队。教习调驯，随机肆应。"这无异于把一个小型动物园搬到上海，单是观赏广告中特别标榜的"实开辟以来中国所未有"的"阿非利加之狮"，已颇具号召力。

果然，当5月18日下午四点半，车利尼班所乘英国轮船德梗号抵达上海时，自公和祥码头到文监师路（今塘沽路）戏篷，观看之人甚为拥挤，以致捕房必须派出二十多名巡捕维持秩序。在记者笔下，浩浩荡荡的登岸动物占据了他所有的注意力：

计有猕猴四笼，每笼各有数头。又狗数头，猩猩、山鸡若干头，分装铁丝笼内。继之以马，大者廿四匹，送至大马路龙飞马厂安置；小者十四匹，即送至戏棚内。随有一车，其箱红色，如西人送馒头车，二西人挽之以行。有猛虎一笼，内盛三头；大狮一笼，亦盛三头。大蟒则装入略小之车。更有灰色大象二头，牵之以走。最奇者，一牛面作马形，昂首长鸣。及观其身，则庞然一兀一武也。（《马戏到申》，1886年5月19日《申报》）

显然，记者不识的动物应是斑马，其一黑一白的条纹即为标志，我们在6月8日的《申报》广告栏（图5），也可以看到它奔跑的雄姿。如同非洲狮一样，这些生活在热带的稀有品种，中国人此前确实无缘亲见。因此，有流动的动物园招摇过市，即使无钱入场者，也得借机一饱眼福。观者云集，众目睽睽，便都是可以想象得到的场景。而受冷落的演员在安置好珍禽异兽后，总算被记者提及，其人数约有五十，均住在礼查客寓。

从该马戏班上岸起，《申报》即派出记者专门跟踪，详加报道。看过游行街市的盛况，当晚，记者又深入旅馆，

图5 马戏广告（1886年6月8日《申报》）

把读者无法亲见的喂养猛兽情景公诸报端：

> 见有三西人方置牛肉于大桌上，举刀切碎，用叉分饲狮虎。其肉约有全牛之多。狮虎即张口大嚼，状甚狰狞。

即此已勾起悬念：如此凶猛狞恶的野兽，怎样任人摆布，一展技艺，确让人放心不下。作了层层铺垫后，记者又不忘言归正传，提醒读者："届时必有可观，欲饱眼福者，慎

毋交臂失之也。"(《马戏到申》)

只是这万众瞩望的马戏,并未能准时开演。20日的《申报》不得不遗憾地通知各界,因"戏园一切事宜尚未布置停妥"(《马戏改期》),故演出推迟一日开始。

虽然无戏可看,记者们也没闲着,正好先进场地踏勘,把周遭环境弄个清楚明白。马戏棚位置在"文监师路及密勒路转角处"(《新到枝亚理尼马戏》,5月30日《申报》广告),今日称为三角地广场。因为表演多半在晚间进行,首先须考究的是光源:"其台上除地火灯外,又有电气灯,试燃之,余光同白昼。又恐电气或有隐现不定,另带有美国油气灯,以备可以接光。"(《先睹为快》,5月21日《申报》)照明方面完全可以放心。

座位也分别等次,考虑周全:距离跑马道最近处为包厢(即"官房",又称"官座房"),区别是"围以五彩布帏,每间可坐六人"。后面是"椅位"(广告中称为"头等校椅位"),记者形容为"铺设地毯,净无可唾"。想起1903年梁启超去美国游览,对华人根深蒂固的国民性的刻画——会场中"虽极肃穆毋哗,而必有四种声音:最多者为咳嗽声、为欠伸声,次为嚏声,次为拭鼻涕声","如连珠然,未尝断绝"(《新大陆游记》193页,横滨新民丛报社1904年版)——便忍俊不禁，为无地吐痰的国人担心。椅位后是"以板层层铺列"的"板位"，又分二种："其左首板上有垫子（按：广告中称为'有椅垫'的'椅位'），右首则无"；并且，礼下庶人，"板位之中，亦分男女行列，不得混杂"。最末一等是站票："又虑寒俭之人不得以半元一元之费一豁眼界，因于椅位之后，再拓地一区，俾若辈出洋二角，亦得寓目。"虽有下等社会人入场，上等人也不必担忧乱了体统，"其出入另辟一门，不与同门进出"，记者不由为设计者的两全其美而赞叹"法至善也"（《先睹为快》）。

位置既有差等，付费自然不同。起初的定价是：官房"每房收银十三元"；"头等校椅位，每位收银二大元"。买这两种票的人尚可享受"入场内棚下"贴近观看的优待。其他，有垫椅位"每位收银一大圆"，板位每位五角。另有一种半价票，是专门为中国官眷所带未满十岁的孩童及仆役（所谓"兵家之未有顶带者"）预备的，加座系"在椅位处特留一行"，同样必须"分男女，不得乱进"。这个价格十天后有少许变动，官房加到十三元半；又添设了一客座的官座，"每位收银二元二角五分"。而上演二十天后，每种票价均开始下调：官房降至每间十元，铺地毯的椅位每人酌减五角，板位减一角。最便宜的站票也降价一半，且特意在广告上注明:"在高处立看,每位取洋一角。"由此可以测知观众人数的起落情形。买票则采用西方通行的看图订座办法:"凡欲看各位次之图者,请往礼查行在。"(《新到枝亚理尼马戏》,5月16日、30日及6月10日《申报》广告)"行在"本指天子出行所住处,用在闯荡江湖的马戏班,很觉滑稽。不过,这未必是其有意制造的噱头。

5月21日晚九点,车利尼马戏正式开演。可惜,当演出结束时,已过了十二点钟,《申报》已经上板开印,不能及时报道详情。但记者仍尽先在当晚付印的报纸列出《马戏初开》(5月22日《申报》)的标题,并向读者许愿,首演情景"当于明日报上登录"。

接下来,自5月23日始,一个月内,便有十八篇《观马戏记》在《申报》陆续刊出,其密集程度令人咋舌。甚至其中一篇《观马戏记》,竟然放在6月15日头版头条的"社说"位置。而且,虽然节目有重复,记者却能挖空心思,机变百出,每写必寻出新鲜话头以飨读者,着实让人佩服。

且看23日的开笔之作《观马戏记一》,洋洋洒洒,占了一个版面的一半篇幅。从入场所见兽笼,直到出演各戏,逐一详细道来。开场戏乃是八位小演员,男女各半,由一年轻美女指挥,演出跑马,以壮观取胜。其次为小丑戏:"场上架一横木,二西孩涂面作小丑状,一跃而登。或倒挂,或横卧,或长跪,或翻筋斗,或打秋千,要皆夭矫离奇,令人不可名状。"在场的记者显然对小丑的表演印象深刻,凡有丑戏均肯多用笔墨。第三个节目也是如此:一西人自赞其马善解人意,天下无双——

  一小丑曰:"君虽自夸,我独不信。请于场四隅拦横木,能连跃三次者,当以五洋为注。"西人允之,马果跃而过。小丑窘,附马耳语数四,复搔其项数四,一若尽情献媚也者。马果止而不跃。小丑曰:"赢矣!赢矣!请给我注。"西人曰:"洋蚨我自有之,可速来领。"讵小丑正欲举步,马忽阻其前,小丑迂道行,马亦迂道阻。小丑惧,跃上棚柱,西人乃信口嘲之,牵马入。

第四出主角,记者虽别其为"净"(如京剧中"花脸"一类),但"满面涂朱墨",在西方马戏中仍属丑角。其表演技艺为翻筋斗,或以竹圈为道具,左右翻身穿过。接着上场的,应该就是"马上歌舞"的名目,其各段的动作分解,已见于5月16日以来在《申报》连续刊登半月的广告,大抵与葛元煦所记西女之马上诸戏相似。上半场也以小丑戏结束:"一花面骑假马出,阻以板,欲跃又止;围以阑,欲过不能。筋斗一翻,翩然而入。"与前述之小丑跃上棚柱,玩的都是欲扬先抑的手法,实则均有绝技在身。

十点钟中场休息,记者又抽暇分记西人饮酒之习。即使无此嗜好者,也另有消遣,可出大门,观赏大木柜中畜养的三条巨蛇。"最大者围可二尺余,长不可以尺数计"之骇人尚在其次,最可观的是,"有二鸡雏立蛇背上,寂然不动,蛇亦无吞噬意"的鸡蛇和平共处景象。不过,在我看来,《申报》记者未免过分看重表演,而忽视了动物展览的意义。作为"社说"的《观马戏记》(6月15日《申报》),即以不屑的口气提到:"若夫牛也,蛇也,驼鸟也,猩猩也,皆备以饰观,与马戏了无干涉,姑勿暇论。"实在是放过了好题目。连孔圣人都懂得,读《诗经》的好处是"多识于鸟兽草木之名"(《论语·阳货》)。观马戏的附带收获,也应是多见识异域奇兽珍禽。幸好,记者虽无暇阐发其间的意义,却还保留了猎奇的眼光,因而,报道中不时可见:"中华素不产狮,平日仅于画图中见之,至此方睹庐山真面目。其色黑黄,面长尾锐。前半身茸毛鬖鬖然,后则毛短而光,与所图绝不相类。予见所未见。"(《观马戏记一》)证明仅供人观赏的动物仍有益于增长知识,开阔眼界。

下半场，车利尼亲自登场，仅以一杆鞭子指挥，两匹缅甸小马即飞奔跨栏，随心所至。也有葛元煦、黄式权都曾目睹过的人马分离过横幅之技，不过，将"白布"改作"红绸"，自然更加好看。其间也少不了小丑的表演：

忽两小丑联步而登，初以毡帽相掷为戏。继甲作伪死，乙扶之起，浑身僵冷，鼻息全无。因裹以单被，呼二人舁之入。将入，一人从旁击以手枪，死者忽跃起惊避。

记者解释为"犹华戏之有插科打诨也"，也比较得妥当。不过，大约因为前面叙说太细，字数够多，下半的撮述便有不尽详细之处。如最初上场的一幕："二丑脚缘绳上，作种种戏法，大旨似华伶所演《三上吊》，而技则远过之。"单凭此语，未见识过《三上吊》的我辈后人实无从想象。

这里倒好借用《点石斋画报》第一九一号（巳十一）上吴友如所绘《观西戏述略》的第一幅"直上干霄"（图6），虽然这已是1889年车利尼马戏班三进上海所展之技：三位演员中，两人倒挂，且一人尚伸出双手，接住从对面秋千上跃身而来的同伴。从现场观众的目不转睛举头仰望，也可

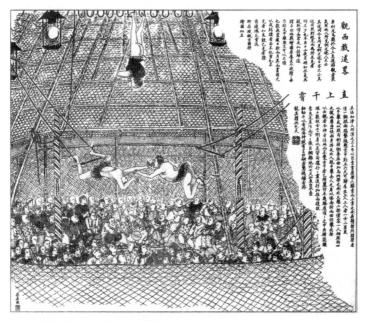

图6 《观西戏述略》(《点石斋画报》)

见其惊心动魄。画面表现的当然只是动作高潮时一瞬间的定格，未亲临其境者欲知首尾，则可参看图像右侧的文字：

其法如津人所演之《三上吊》，以巨索贯屋梁，人缘索而上。索之南垂悬架。所谓"架"者，仅一铜棍，两端系绳悬空中，约五六尺，可骈肩坐三人。三人者，一女二男。或以手攀，或以股勾，倒挂侧垂，屈曲如志。此架之南北,又悬二架,仅容一人,相距约四丈。彼此摩荡,俟两身将及,北人脱手攀南人之身,以俱南,折而回,仍攀北架以去。观者全神方注此,而不觉女子者已附丽竹木,几臻屋顶。顶之中央,横设铁环十数枚,女子倒身以足背勾环行,行尽退行,如往而复。故意失足,直注而下。下张巨网,离地六七尺,如鱼出水,叠翻筋斗以告竣。

而做出如此高难动作的演员,在画家笔下均被处理成体态丰硕,偏偏押尾章又用了"身轻如燕"的成语,其反差之大或许正是画家有意制造的效果。

再回到1886年的首场演出。最后是以兽戏压轴,可知其在马戏中的难度之高,分量之重。先是"象戏",由大象表演足蹬转桶,并以鼻吹响铜角与芦笙。最惊险的还属夜深以后上演的"狮戏":升降机将狮笼摇高到一丈开外——

一美人启钥入,就笼侧置一板,呼狮登,狮即举足登。其人以首置狮口内,作种种狎玩状。旋然笼中所置花筒,火星直上。狮惧,绕笼狂奔,人即跃而出。

演至此，真是"观止已"，观众自可心满意足地退场。

而就我的观马戏经历而言，除最末出的"狮戏"未在现场观看过，其他倒都有记忆，可见中国的马戏确实深受西方影响。而表演的程式化倾向，也注定其必须游走各地，才能靠观众的更新维持上座率。至于狮虎戏的取消，猜想其原因，除与此类动物后来多半成为珍稀的国家保护品种，更主要的恐怕还是安全考虑。当年的《申报》记者已有远见："独是凡物皆堪笼络，而虎为猛兽，即在槛阱之中，摇尾求食，不啻鞭挞犬羊。特恐野性难驯，终不能以降伏。"并举一中国故事作为前车之鉴：曾有杭州人养虎为生，常"携笼入市，身伏笼中与虎狎，以头探虎牙"，所演诸戏与意国美女一般无二。但不幸终于发生："一日，发触虎喉，痒而嚏，豢虎者之首已饱于虎腹中。"（《观马戏记》）如果认真推敲，悲剧的起因并不在虎，倒该怪养虎人自己不小心。不过，"虎能吃人"还是完全必要的提醒与告诫。

不消说，第一天的演出节目最精彩，戏班也最卖力，方可博得"开门红"。此后，则编排尽管有变换，如5月30日《申报》登载的车利尼班广告，画面两侧特意添加了"另换新戏与前不同"的字样，但训练新法既需时间，又有体能的限制，实无法如《观西戏述略》的题图人所云："戏无尽藏，日新而月异。"（《点石斋画报》巳十一）因此，每天到场的记者难免有"纵极奇观，不离前辙"的感觉。于是，记者自作解人，回答"客"之"是亦不可以已乎？山重水复胡为者"的提问，大意无非是发掘马戏"以游戏寓劝惩"（《观马戏记六》，5月28日《申报》）的意义，未免迂腐。倒是班主车利尼的说法更可取：

> 是戏阅数年始一至申江，远近风传，争先快睹。倘今晚演此剧，明晚又演彼剧，则先至者虽喜花样翻新，后来者或至未窥全豹。故每剧必连演数夜，俾人人得餍眼福，欢喜无涯也。（《观马戏记八》，5月30日《申报》）

证之以5月26日《申报》的《观马戏记四》，已有"闻各埠之人，附坐轮舟来观其盛者，如云如水，不绝于途"之说。只是，车利尼所言虽是实情，却也透出生意人的精明与世故。

而该班既经千辛万苦、长途跋涉来到中国，仅在上海卖艺，自然于心不甘；希望开拓市场，深入内地，原在情理之中。在拟往苏州的计划，因"腹地非通商口岸可比，诸多不便"而中止后，车利尼又曾试探移师宁波。宁波虽为最早开放的五口通商城市之一,却"并无意国领事"。经由西人任职的税务司与中国官员商议,中方的答复是:"恐马戏班中诸人有滋事等情,须先以洋五百元作押;且试演一日之后,倘有不合意之处,即当停止。"如此演出,风险太大,车利尼当然不敢接受,于是,宁波之行又作罢论,该班"因折而至东洋"(《马戏述闻》,6月12日《申报》)。由此也可以明了,车利尼马戏几进上海,原来都与中国地方官是否批准无关,而纯粹是租界当局作出的决定。享受了马戏带来的愉悦的上海人,却是以丧失国家主权为代价的;反之,维护了国家权益,宁波人便无缘欣赏西方马戏的精彩。这也是晚清特有的尴尬吧。

2001年8月14日于伦敦客寓

飞龙岛自行车琐谈

还记得1990年代初,第一次在北京游乐园坐过山车的感觉:车子从高处俯冲直下,迅捷无比,心则真如俗话所说"提到嗓子眼",久久不能放下,只觉得其路漫长得令人难以忍耐。终于落至谷底,却又开始剧烈地扭动与翻滚。假如不是一杠当前,左右圈住,自觉便会跌出车外。其实,身在空中时,倒还顾不到生命安危,最大的不适来自心脏。尽管开始不久便双目紧闭(此举被嘲笑为未能体验该项游戏的最大乐趣),下来时仍是面色惨白。

也是因为一班朋友相互鼓动,我才敢参与集体冒险。而留守地面的友人事后说起,车在大回环呈倒悬状时,她在下面看得惊心动魄;并担心,一旦停电,我们这帮人都将随车坠毁,粉身碎骨。不过,有科学知识更丰富的同行者马上指出,此乃杞人忧天。因除开动时需要电力,以后行车只是凭惯性运动。明白个中道理,不由对发明者之设想奇妙大为佩服。

八九十年代,过山车在国内还是新鲜玩意。而当时凡属新奇事物,多半都是舶来品。隐约听说,那时各地正方兴未艾、大量修建的游乐园,不过是美国迪士尼乐园简化了的仿制品。

1997年,终于有机会到位于洛杉矶附近的迪士尼乐园验证此说。当游至"星际旅行"项目时,虽有"前车之鉴",仍然抵挡不住在"发祥地"亲身一试的诱惑。好在此次已有经验,不致过于慌张;且外面一片黑暗,虽然上下滚动的星光令人眼花缭乱,毕竟对于摘掉近视眼镜的我来说,看不清身处何方,便盲目地多了一份安全感。

在我想来,过山车也如同迪士尼乐园中其他电气、激光游戏一样,必定是十分现代化的产物。却不料翻阅《点石斋画报》后,竟让我大跌眼镜。原来此物早在一个世纪前,便已经漂洋过海,来到上海。

还是先看图像。出版于1890年8月底的《点石斋画报》第二三五号(酉七),刊有《螳臂当车》一图(图1)。画面正中是两条蟠龙一般起伏跌宕的铁轨,两辆坐满游客的车

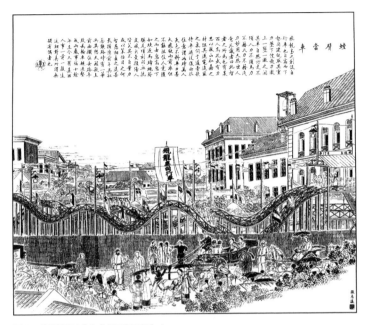

图1 《螳臂当车》(《点石斋画报》)

一来一回,一在峰顶,一已下行,交错而过。右边为发车处,站着不少等候乘车的客人,也有人正援梯而上。左侧铁路延伸,引人遐想。铁道上方的旗杆上悬挂着一面中式布招幌,醒目地书写着"飞龙岛自行车",标明所绘场地。车轨虽不及现在的过山车车道陡峭盘旋,然而运动原理相同。图画上端的文字已有说明:

飞龙岛之创设自行车也，自高而下，势同建瓴。取其重力坠下，便趁力激上。一坠一激之间，其车自然行走。不烦人力，不烦马力，不借火力，不借汽力，妙用天然，出人意外。识者曰：此智者之所为也。

初看此图，高楼洋房，几疑地在域外。但其中的汉字与华人却在在表明，此飞龙岛实坐落于华洋杂处的上海滩。

《点石斋画报》本是《申报》系的刊物，常常是将《申报》登载的新闻取作题材。飞龙岛之事，亦当详见于当年的报纸。翻检之下，果然大有所得。

时任《申报》主笔的何桂笙（笔名"高昌寒食生"），于1890年7月19日在该报头版头条发表了一篇《飞龙岛游记》。文章驰骋笔墨，极力描绘了自行车的神奇与乘游的快乐。开篇先说明，此行乃应邀前往："飞龙岛者，亦上海新创之公司。开创之始，于六月朔日试行。总其事者，为麦问皋总戎，折柬招余往。"这使得以下的文字颇带有广告的性质。好在时代久远，无微不至的叙述恰有助于呈现早已消失的细节：

盖所谓"飞龙岛"者，在虹口旧时马戏棚之地。

麦君于此改作高脚铁路，而以自行车游戏于其间。自行车者，不用煤，不用汽，不用电力，不用马力、人力，而使其车能自行。所置车路蟠曲如龙形，有高有低。而人坐车上，车行路中，忽焉由上而下，忽然由下而上。其下也，如黄河之水，一泻可以千里；其上也，如弄潮之船，鼓浪而前。车式似龙舟而无头尾，一车有坐位五排，每排二人，共坐十人。

余至时，已有中西诸人共坐一车。麦君挽余同登，立刻遂发。一转眼，即已历数处高下，而至车路尽处。换车仍行至原处。盖其路两条，一来一往。而来车即可以去，去车复可以来。即一来一去，两车同时并行，亦不至于窒碍，以有支路，界画分明也。开车在极高之处，车后有环，而以钩钩之。迨客坐既满，一声开行，即将钩一松，譬如高屋建瓴，奔腾直注，其神速无比。

有在车旁仔细察看者，疑其车上另有自行之机器，特秘而不宣，故必欲详观而熟察之。乃察之又久，而毫无所见。所见者不过以车轮扣定铁路之上。车身以木为之，客位则施皮垫，洁净无比。位之两旁，有搁手处。车行时，客握定搁处。此外别无机括。

其告白中所云:"帽子及钗环等,恐防吹去,须自检点。"余以短视,眼镜不离身,初试时,恐有所妨,因暂去之;继而仍行戴上,依然游行自如,高下随心,一无所虑。连行数次,不觉快然于心。

复按图画,文中所说历历在目。乘客恰是五排双人,连座位边的扶手也可看到。画家张志瀛确乎遵照《点石斋画报》主人美查(Ernest Major)的期望,"以能肖为上"(《〈点石斋画报〉缘启》,1884年5月《点石斋画报》第一号),故写实程度相当高。

不过,此画既题作"螳臂当车",自然还该有本事。图像上方的配文也作了交代:

有某西人焉,孔武有力,思以拔山扛鼎之材,阻其逐电追风之气。伺于道旁,欲待车过,从后面拉住,意谓此时万人失色。不料车力甚大,飞驶而前,非但不能阻住,人竟随之而去,忽高忽下,如蝶逐马蹄、蝇附骥尾,顷刻间血流皮破,大受损伤。人皆笑其不自量力,咸以笨伯目之。

与"智者"之设计相比,作者不禁慨叹:"何智愚相去之远甚哉!"不过,应该作为中心人物的笨伯,其"如蝶逐马蹄,蝇附骥尾"的身姿,在画图中并未给以特写。须仔细察看,读者才可从里侧左驶的车座后面,发现一面目不清者被拖行于铁路上。而其不受关注,甚至于此车上的乘客也并不回头观望,充斥满眼的还是飞龙岛自行车。由此可见,画家感兴趣的场面并非某西人之愚笨,而是自行车之巧妙。

同样,在通常刊登"社说"位置上出现的《飞龙岛游记》,除了记述行乐,也该有正大光明的议论。果然,文章的后半段,作者即假借友人东阁诗俦的发难,"此地虽佳,不过游戏之处","吾子之为此记也,殆亦文人游戏之笔,初无关乎正用者",而就势发挥出一大篇庄论来。

何桂笙"庄容以答之"的论旨,主要集中在"俾来游之人,皆晓然于铁路之便捷至于如此"。因东阁诗俦有"所云'一泻千里'者,其实不过五百英尺之远"的讥嘲,何文因此从飞龙岛自行车只是"小试其技"、未免可惜立说:

> 设推而广之,自五百英尺而拓之至于数里、数十里、数百里、数千里以至于数万里,其远近有不同,法制当无不同也。近来中国竞议开办铁路,而至今未

见成效者,以人人心中虽有铁路,而人人目中初未见铁路,则言及铁路利害,不免疑信参半耳。……今此小试其端,而已足以一新人之耳目,乐观其成者其盛已如此。设或名都大埠,通商要区,能一一联络铁道,驶行火车,则人心之欢愉更为何如?

在何氏笔下,本为游戏场所的飞龙岛对于中国铁路发展的示范意义竟如此重大,难怪下面更有惊人之论:"盖自有此岛之创,而中国铁路之兴办,将于是乎一动其机焉。"走笔至此,作者也可以振振有词地反驳朋友:"犹得谓之事涉游戏而不足记耶?"

何桂笙的论说虽不免夸大,但其将游戏之具化为利国之器,亦可谓用心良苦。何说尚属言其大者,而自号"仓山旧主"的袁枚之孙袁祖志,讲起乘坐自行车的好处来,更有小处亦佳的妙论。袁氏存心以科学知识开导读者,却因其继承家学,长于吟诗而拙于格物,这一篇《重力行车说》(1890年8月13日《申报》)中关于重力学原理的解说全然不得要领。倒是其讲论"乘车治病"的一段话,将日前报纸上"可以已肝疾"(《飞龙游迹》,1890年7月25日《申报》)的传言阐发得淋漓尽致,实在难得。其说也关乎科学:

缘人身五脏六腑安顿腹中，久滞不动，难免壅阻之患。此车自高而下，其疾非常。人坐车上，一经脱卸，出于不意，未有不惊持其精神而掣动其脏腑者。脏腑一动，则气之闭者亦开矣，食之停者亦运矣。较之火轮车、马骠车之碾动，尤为得力。是于养身之道不无小补，然则此车岂可与他项玩具同日而语哉？

末句虽无具体论敌，却并非无的放矢，合何文而观之，自可明白。只是其"闻之西人"的说法，"日坐此车行走一次，可以免去疾病"，却不免悬的过高，更带广告色彩。

而7月17日飞龙岛试车之日，那些"络绎而来""途为之塞"的"中西官场以及商人男女"（《飞龙岛游记》），其中原不乏为洋总办专门请来做宣传的报人。何桂笙即在此列。当时正主编《格致汇编》的英国学者傅兰雅（John Fryer，图2）亦于同日"蒙招共赏"，主人的目的也说得明白："阁下主笔《汇编》，敢烦题及一二。"一百多年前的人便已知道，今日所谓"软性广告"，比之商家出钱在报上所刊者效果更佳。傅氏将此内情直接道出，应该是暗含贬义。

提到"飞龙岛"的名目，傅兰雅也以颇为不屑的口吻，谓之"特炫其目耳"。即使题为"自行车"，傅仍斥其"名

图2 傅兰雅像

亦不称"。这倒并非存心"鸡蛋里头挑骨头",长期编辑中国早期科学刊物《格致汇编》的经历,使傅氏的思维具有非同一般的精确性。"不称"的原因是:"盖其车无异于常车,舍是路则不自行。"其发表于自编杂志上的《飞龙岛说》(《格致汇编》1890年秋季号),因此与何、袁两文不同,不谈游乐,不及免病,也不论铁路之利,专从"此事本出重力学之理,正是要端"落笔为文,"以明其理"。

靠着西方的教育训练,那些袁祖志不明就里的重力学原理,到傅兰雅笔下则清爽易解。其剖析"自行车"的奥秘在于：

> 其路实高脚铁路之小样，车行其上，本自滑利。复因曲下蟠上，蓄力而前，更易速驶。初见者莫不骇其由下而上之奇，殊不知其实借重学离心力之理。方其下也，初借人手推力，再借地心吸力。其力有余，自能冲上。及过第一高处，车内尚存初推之力，乃循第二低处趋下，再受地心吸力，与原推力和，始能冲上彼端。按动静相平之理，车宜升至彼端之顶，与南端初下处等高。惟因铁路有阻滞力，故车只能升至彼端下三五尺处。设车下无簧闸住，势必返而回行。是又犹钟摆动法，一往一复，其间自成弧曲。

据此，"自行车"每次下冲后，上升的高度均会降低，则仓山旧主将其"不烦人力，不烦马力，不借火力，不借汽力"绝对化，畅想"凡一切煤矿、铁矿、铜矿、锡矿之所，运货达船，最为适用"，因"既不费力，又极迅速，何便如之"，乃近乎无稽之谈，虽则用意可嘉。

即使对于飞龙岛的外观描述，傅兰雅的观察也相当细致，有些地方并可补何文之阙：

但见南端高起一架，三丈有余，凡两层。循梯而登，首层有座，烹茶待客。及上层，见拥拥挤挤者多系洋人，争坐其车。每车可容十人，其路由高而下，凡三蟠曲，势若虬龙。往返二路，递更高低，皆以木条架搁。北端亦有高架，与南端相望。车客坐满，则以四人力推使行，则循高就下，顷刻已至北端。下车改道，仍回南端。

车启动时，并非只是脱钩，尚须人力助推，也很好理解。俯冲之力越大，则上行越高。至于当初"烹茶待客"的首层，在《螳臂当车》的画面中已空空荡荡。猜想其原因，一是上层有多人站立、走动，加以车行震荡，免不了尘土飞扬，实非品茗的好去处；再者，飞龙岛主人原有更完善的设施规划。

还在何桂笙、傅兰雅等人试车之前两天，1890年7月15日的《申报》上便已刊出《快游飞龙岛》的广告（图3）。其特异之处为附有导游简图，从"进门买票""自行车路"直到"转轮"处，均标示得清清楚楚。又有"外国酒馆"与"中国茶寮"，按照何桂笙的记述，开行之日尚未建好，但广告中已在招商承租。从中还可知道，飞龙岛正式开始运营

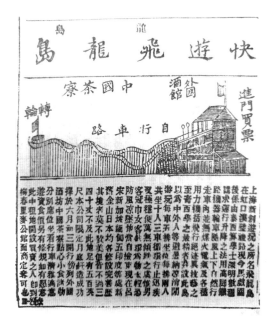

图3 《快游飞龙岛》广告

是在 7 月 19 日（六月初三），恰是何氏《飞龙岛游记》见报之日。

而作为商业广告来说，《快游飞龙岛》的文字制作也十分成功。开头先提示地点："上海新创游玩之所名'飞龙岛'，在虹口汉璧礼路现今马戏园后。"汉璧礼路今名"汉阳路"；吴趼人记其确切地点"在虹口蓬路（按：今名'塘沽路'），即今之虹口小菜场"（《上海洋场陈迹一览表》，上海群益印刷编译局 1906 年版《胡宝玉》）。两相核对，其地便是现在的三角地菜场一带。接下一段讲科学道理:"系由泰西算学士深明数理,讲求运行升降之法,用高脚铁路、机器轮车随风上下,自然行走。车内并无煤火电气及各种用力机括,飞行绝迹,真技艺之至奇、西学之最精者。"这也是所谓"自行车"最令人惊奇之处。虽限于广告体例,说理不详,但既"至"又"最"的用词,已足撩人游兴。何况,时当夏令,"兹设此岛,以为中外人等避暑纳凉,消闲游玩",也很诱人。说到车子的情况,在"飞行绝迹"之外,也保证安全可靠:"每车五排坐位,每排两人,共坐十人。三车循环,行止迅疾,又极稳便,万无倾跌之虞。"下面的注意事项即为何桂笙文所本:"惟男客冠巾、女客钗环,为物太轻,恐防风凉坠地,当自检束。"以下又介绍各国开设自行车的情况:"现在吕宋(按:即菲律宾)、新加坡、缅甸、五印度等处,新、旧金山,日本,均各修设完善,历其境者莫不赞美。但皆不过三四十丈,不及此地足有五百英尺。"原来被何友嘲笑的"五百英尺"已经是世界之最,上海之得风气之先又不止于国内。

此广告在《申报》登载了二十多天,中间停了三日,8月9号再次刊出时,文字已加改动。最重要的补充是"游资"的说明,这本为时人关心之点。洋主人亦入乡随俗,揣摩中国人心理，大打皇帝牌：

> 廿六日系中国皇上万寿。是日早九点钟开行，至晚七点钟止，每位洋五分。午一点钟至六点钟，每位五分，晚每位一角。食价另有条规。

此处有些交代不清。猜想 8 月 11 日（中历六月廿六日）当天乃特惠价，无论何时入场，均为"每位洋五分"；后面的计段收费则是日常标准。如是，则平日的营业时间也当从午后一点钟开始，这也符合西方人的生活习惯。

至于飞龙岛的主人，其本名应照傅兰雅所记，为"麦士尼"（图4），或如袁祖志文，再缀以"为能"，大概是其英文姓名 William Mesny 的译音。据《近代来华外国人名辞典》（中国社会科学出版社1981年版）提供的资料，麦为英国人，1859 年 17 岁时来中国，先到香港，后至上海。其最传奇的经历，当属 1861 年 11 月从汉口护送货船到上海途中，为太平天国的水营截获，送到南京扣留数月。他曾在汉口中国海关任职，后投入左宗棠部，获提督衔与巴图鲁称号，并随军到新疆。这就是何桂笙称其为"总戎"、袁祖志言其"曾以有功我国，经疆吏保荐至总兵官"的来历。不过，该

图4　1905年《华英会通》上刊出的麦士尼华服照

辞典也有失记,从1880年赴哈密,到1895年以后在上海主编《华英会通》,中间只有一句"麦氏几乎走遍中国内地各省"。而起码在1890年,麦士尼曾居留上海,经营此飞龙岛。袁祖志称其"娶中土之妇,处中土之室,服中土之衣,啖中土之食"(《重力行车说》),可说已相当中国化。麦于1919年死于汉口,则至死亦未离开中国。

尽管何桂笙曾张大其辞,表彰麦士尼创办飞龙岛大有深意:"麦君向为高脚铁路,因见中国此时尚未能定计,故于飞龙岛小试其技，筑岛造屋。"但这也只是何氏一厢情愿的说法。袁祖志已责备"麦君不讲中国文理，不径（按：原字不清，代拟）立一说以自声明，而但登之报章，招人乘坐"。不幸其"登之报章"的广告，偏偏又以"游玩之所"自定义。其实，作为商人，麦士尼在商言商，原属本分。开办游乐场所，意在赚钱，也无可非议。中国文人别有幽怀，借题发挥，亦可谓"见仁见智"，只是不必将自己的"块垒"移入他人的"酒杯"中便好。

飞龙岛开张之初，虽有何桂笙、袁祖志、傅兰雅等人代为鼓吹，以"一扩眼界"相号召，不过，从运行一周后的报道看，其前途正可忧虑：

> 飞龙岛自行车自开行以来，游人络绎，入夜尤盛。八九点钟以后，轮蹄之声不绝于耳，直至十二点钟始寂。惟游者多西人，华人则不甚众。查自行车创自五年之前，有美国人唐梧森精于算学，偶算重力，制为此车，可以自行。厥后推行渐广，由欧洲而日本。今中国则初次试行，故华人尚有疑信参半。其实则借势取力，其稳速无匹。

仅靠西人,此游乐场必定难以维持。这条新闻因此将招徕的目标锁定华人,末后仍大声疾呼:"欲试新奇者,曷不联袂偕行乎?"(《飞龙游迹》)

而此后刊载的《螳臂当车》一图,无论等候还是乘行者,已尽为拖着辫子的中国人,似乎广而告之真起了作用。沿铁道高悬的电灯,也令人遥想入夜声喧、灯火辉煌的及时行乐景象。但引起我关注的是那些在场外席地而坐、挥扇打伞摇风遮阳的旁观者,从衣着看,其中很少做工的穷苦人。在画家的构图中,他们的存在是为了证明自行车之有吸引力。但其不入场而安于观望,却应该是飞龙岛终于消歇的主因。

与今日的过山车相比,当年的"自行车"尚属简陋,只有三四个起伏。而科学的进步正无止境。究心格致的傅兰雅于一百多年前,已介绍过比飞龙岛更先进的设施:"尝见西国讲重学者,制一离心力铁路,中间绕成一圈。车由高端推下,能循圆圈回转,而后达于彼端,盖又奇矣。"(《飞龙岛说》)这便很接近我乘坐的过山车了——需要的仅是将试验室中的模型变为实物。

2001年2月23日于东京弥生寓所

洋场水龙会变迁述略

差不多十年前,我讲授近代文学专题课时,课间,有一做中日比较文学研究的学生前来请教。她从王韬专记近代上海风物人事的《瀛壖杂志》中抄出以下文字:"水龙之制,云自倭人传入中国,遍及各处。"她的问题是:"'水龙'是什么东西?"现在想起来还觉汗颜,我当时竟不知其物。也正因为有这一次的张皇,从此对晚清上海的"水龙"便格外留意。

其实,当日回到家中,翻检出版于1875年的《瀛壖杂志》,便看到了这一条笔记。学生抄录的是起首两句,其他部分如下:

近日西人创行机器新法,不烦人力。其水之及也,有如骤雨洒空,滂沱四注,顿使祝融为之霁威。其有坚革蒙成者,轻而易举,制亦精良。其皮管曰"虹吸",长数十丈不等。置诸江中,水自能来,无劳人汲。中有恒升车,起落殊便,且能及远。(卷二)

不劳词费,此处讲的"机器新法",即今日司空见惯的消防车上的灭火装置。以此回溯开头,所谓从日本传入的"水龙",自然也属救火器具。

还是到了日本的江户东京博物馆,才见识到此物的"庐山真面目"。被中国人称作"水龙"的器械,在我们的邻国那里原名为"龙吐水"(图1)。木把铁杆的混合结构,显然

图1 日本"龙吐水"图片

必须依靠人力施压，才能向外喷水。江户时代的日本建筑多为木屋，火难应是最频繁发生的灾害。因此，日本消防设备比中国先进，也正不足为奇。博物馆中现在还保存着一只明治十五年（1882）制造的龙吐水，让远逝的历史场景重新在我们眼前浮现。

不过，1880年代的东京，实际已放弃本土自产的龙吐水，而改用救火车灭火。黄遵宪初稿于1879年春、定稿于1890年的《日本杂事诗》，即专有一首咏其事：

照海红光烛四围，弥天白雨挟龙飞。
才惊警枕钟声到，已报驰车救火归。

诗后尚有注，尽言其详："常患火灾，近用西法，设消防局，专司救火。火作，即敲钟传警，以钟声点数，定街道方向。车如游龙，毂击驰集。有革条以引汲，有木梯以振难。此外则陈畚者、负罂者、毁墙者，皆一呼四集，顷刻毕事。"（其四十七）黄诗虽为写实，也难免略带文学家的夸张。如描绘救火之神速，很容易让现代人联想到今日一路鸣笛、风驰电掣的消防车。而在当日，不只日本，连同其所取法的西方，最多也只有马拉救火车。这当然不能责怪黄遵宪含糊其词，因为他那时还完全无法想象，街巷中有比奔马跑得更快的交通工具。

如此，水龙的第一功用在救火，自无疑义。而由英国学者傅兰雅1876年创办的《格致汇编》，第二期上即介绍了"便用水龙"的灭火功效。虽然"中国于人烟稠密之处，均知穿井开池，预置水缸，间有水龙、水斗等具"，但作者仍然认定："西国数十年内，更加讲求，至今所有救火之器与法，最为妙用。"为方便未见识过西方水龙的内地读者了解其义，这篇科普文章也采用了图说的方式。与"二人合用之水龙"图像相对应的文字说明，此种水龙"最便于农家所用，则一人摇其柄，一人执皮管之龙头，即足救火"。并称其不仅"极为轻便小巧"，且"每分时可喷水一百二十斤至一百五十斤，至五十尺之高"；加以"其中运动之件以铜为之，而车以熟铁为之，其筒与车各件均以螺丝相连，易于拆开合拢，其器最为坚固"（《便用水龙说》，《格致汇编》第一年第二卷，1876年3月）。集此诸般好处于一身，故该物实为农家所应必备。

不过，便用水龙虽则轻巧，救火的面积也有限，"凡农家谷麦堆并柴薪堆等易于着火者，以及各处房屋一经回禄而火焰未炽者"（《便用水龙说》），便是其最佳的应用范围。"如大城巨镇,房屋亘连,人烟密聚,冬令每有回禄之虞,一家起火,比户遭殃",小水龙便不济事。其危险不仅是"以杯水救一车薪之火,不惟不熄,而反助其炽也",而且,"摇动费力,起水无多,水处颇远,即不足以致之",更使这种人力水龙完全派不上用场。于是,《格致汇编》又推出"汽机水龙"(图2),以满足城市救火之需:

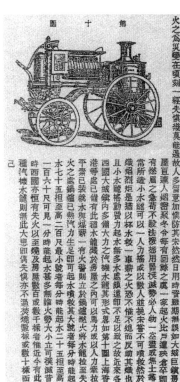

图2 《汽机水龙图说》

此种水龙藏于房屋之内，可以马力或以人力牵拉。平素已装就水与煤薪，一有火警，则立于锅炉燃火。将水龙拉至失火之处，锅炉已热，汽力生足，即可起水喷救。其大号者，每分时能起水七十五担，至高二百尺；最小号者，每分时能起水二十五担，至高一百六十尺。可见一分时能起水甚多，无论火势大小，立可扑灭。

发刊于上海的《格致汇编》本是面向各地读者的科普刊物，因此，作者也不忘提示，这种汽机水龙在"近来各西国大城镇内"多有设置，并且，中国如上海、香港等西人聚居处也已置备（《汽机水龙图说》，《格致汇编》第一年第四卷，1876年5月）。后者即是我们在《点石斋画报》上经常可以见到的"尤物"。

1885年的《点石斋画报》第55号（戊七）刊出的《操演水龙》一图（图3），正是为此存照。题图文字有云：

西人善用火，而亦善防火。其利普者，其害亦烈。故自火船、火车之外，其通商埠头之工部局中，必置新式洋龙数条，以备民间失火。而又不时操演，

图3 《操演水龙》(《点石斋画报》)

察看其灵钝,预防其损坏,甚不愿临事张皇,等有备于无备也。实事求是之功能,终让西人出一头地。

画面上洋楼林立,虽概言"通商埠头",但操演之地,非上海莫属。图中可见三台蒸汽机救火车(即"汽机水龙"),外加一辆专门运送水龙带的轮车,却无一例外,均用人力牵拉推动。

而上图并非洋水龙（亦称"洋龙"）在《点石斋画报》的第一次亮相，若追溯从头，其身影早在1884年5月的创刊号上便已出现。只是《观火罹灾》（图4）中，放置在图像中心的是挨挤在桥上观看火情的大众，洋龙屈居下方，不是主角，自然并不引人注目。

与参与救火的洋水龙遭画家冷落相反，水龙在《申报》的首次盛大登场，竟然与灭火毫无关系，而纯粹是作为娱

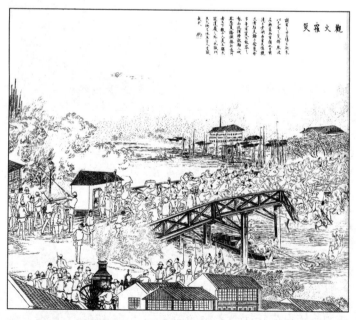

图4 《观火罹灾》（《点石斋画报》）

乐道具出现的。并且，从《申报》到《点石斋画报》，编辑、记者、画家笔下的水龙，被一再描写、令其兴奋不已的也多半在此不在彼。如此本末倒置，却正好显示出西方科技进入中国的别样途径。

葛元煦写于1876年的《沪游杂记》中已有《水龙会》一则：

> 西人水龙会，每年夏秋间举行一次。是夜齐集浦滩，各水龙排定次序，居前者为灭火龙，另扎一纸龙置车上，中炷以火，旁悬五采琉璃灯。其后十余车装如前式，间以花炮、火球、火镜、火字及西人音乐，光怪陆离，耀人耳目。来观者人如潮涌，昔人所谓者，不是过也。（卷一）

这一记述要言不烦，初读很喜欢；但后来看到的重复太多，又不觉生出些许陈词滥调的感觉。

受到葛元煦关于水龙会举行时间的提示，本以为会在1872年七八月份的《申报》上查到相关报道，不料从第一张报纸开始，一直翻到当年几近尾声之处，《记水龙盛会事》才迟迟出场。12月2日登载的此文，记录的本是三天前的活动情况。而自11月26日（中历十月二十六日）始，署名"水龙局"所作的《上海水龙会启》，已在《申报》广告栏先行刊出，通告举办时间及经过路线：

> 本年水龙会拟于本月二十九日晚八点半钟，齐集法国租地界公正栈房门外。一经分列班次，点齐火把，即朝北至大英公馆，转西至头摆渡，复南至福利老旗昌街口，转西至大马路口，复直南过三茅阁桥，然后面东至河边，复回北至新关散班。

由此可知，水龙会实为每年在英法租界内举办的例行活动。

以篇幅计，刊登在第三版的《记水龙盛会事》将近七百字，于早期《申报》中已算相当可观的长文。开篇先概述："前月廿九日晚间举行水龙大会，沪城南北之都人士无不往观，街巷俱为之填塞，亦繁盛矣哉！"接下来，记者即集中笔墨，仔细描状水龙的样式：

> 自九点钟，公家水龙咸集，皆排列于浦滩之公正码头，计有七具，其式样机巧，变幻玲珑，各各不同。有火机龙，则自能以鸱夷（按：即皮革袋）注水，鼓

动龙管以为喷薄者；有人工龙，则须人力注水，激起其势，使管中之水喷薄不止者；又有一大轮车中俨然安一巨龙，鳞鬣咸备，且又光明灿烂，直如真龙，其制作亦奇妙矣，其车上并扎悬五彩琉灯，以助炫耀。外加扒梯、扎钩之属，拆房卸屋之具，则西人咸各执其所司之器，按队成行，整齐不乱云。

其中"火机龙"为自备水囊的蒸汽机灭火器，以便在附近无水源之处施救；"人工龙"(应为"便用水龙")则须手动操作，将输水软管连接到地下"阴井"，即葛元煦所谓"用时揭盖，以水龙尾拖入吸水"(《沪游杂记》卷一《阴井》)者。幸好上海租界地一带河道纵横交错，且消防井系统规划合理，汲水尚不困难。倒是"直如真龙"的那具水龙，显系上引葛氏笔记所云"中烛以火"的"纸龙"，乃是为迎合华人的观赏趣味，专门制作出来的模型玩具，并无任何实用功能。但在后面的叙述中，我们将会看到，这条假龙对于营造欢乐气氛竟是不可缺少。

以七具真假水龙为主导组合成的一大队人车，在上海滩上走动起来已煞是好看，何况还有火炬照明与音乐伴奏："于是点齐火把，擎起火球，西乐工则击鼓吹笙，西巡捕则执鞭持棒,由法租界内之浦滩从容起行。凡号衣则各从其色,红者尽红,黑者尽黑。灯火之光,皎同白昼。"此次游行的参加者又不只是西人,华商也跻身其间,排列位置在第四架水龙后:"盖丝茶钱绸各业,每岁各捐资助费,故亦皆有一定之号衣、一定之灯笼也。其灯笼则皆用高柄擎之空中者,拥挤繁密,盖不啻一二千人作为一队。"而出行的水龙也如前所述,全靠人力推动:"至拉水龙车者,则或为西人,或为华人,其号衣亦各色不同,各极华美云。"

这般豪华壮丽的阵容,不仅适合近观,更宜于远眺。果然,记者的视线随后也作了调整:"由英租界内远望浦滩,则灯如繁星,火如皓月,光如流电,其接长有半里之程,其繁亮有万点之彩。"试想,一个多世纪以前,上海既未有多少高楼,灯光亦不明亮,有此一队浩浩荡荡的车阵人流,且不时伴有或蓝、或黄、或绿、或白之火球交替闪现,难怪观者会有"目睛为之眩耀,心神为之惊骇,真可谓一大观矣"的惊叹。

从后来的重演可以知道,水龙会不仅展示救火车,灯饰包括焰火也是其中重要的关目。《记水龙盛会事》的作者于是以同样的热情,报道了在工部局火钟楼上施放烟花的景象:

> 其火标似华人之流星，而高入云霄，则华人之流星所万不能及也。其标飞起时，直射斗牛，离地极其高远，至顶高之处，忽现一满月形，光明朗耀，大似广寒宫殿。俄而轰裂，则火星万点，咸散堕纷落，盖已星陨如雨焉。一标甫落，一标又起，观者皆目眩神摇，仰面惊诧云。

写到这里，作者已叹为观止，便也一如早期《申报》的新闻稿往往公私不分，丢弃理应客观记录的记者身份，直接以第一人称出场，一再慨叹"余适随众往观"，"亦旅客不经见之事也，可为故乡诸友夸矣"，"真不经见之事，余益自夸眼福不置云"。此次的水龙大会给这位新上海人留下的印象显然是美妙无比。

这一以水龙为主角的狂欢之夜在上海滩上本可一年一见，后来却由例行变成偶尔。其间的缘故在葛元煦的《沪游杂记》中也有记述：

> 嗣以出会后必有火警，故不复迎赛，仅于浦滩上演习放水之法云。(《水龙会》)

可想而知,上海所有的救火洋龙都集中排列一队,张灯结彩,游行街市,围观者又"嘘气成云,挥汗成雨",堵塞了交通,一旦火警发生,的确施救不及。而这种抢险救危的器材一旦改变用途,成为大众娱乐的玩意儿,在展示其神奇功能的同时,也必然面临着丧失职守的责难。最好的办法当然是兼顾两者,在"演习放水之法"时,允许市民参观。前述《操演水龙》即为此一情景的写照,只是观众并非有意召集,故一如画家本人一样,不在画面中出现。

虽然例行的出演停止了,但在19世纪七八十年代的上海,遇有重大庆典活动,水龙作为狂欢"道具"照样不可缺少。1887年发行的《点石斋画报》第一一九号(癸十一)即曾追述:"西人之有水龙会,始于西历某年,因迎美国故总统格兰脱而创。自后必遇喜庆事始一举行,故非易觏也。"(《寓沪英人望祝英君主陟位五十载庆典第四图》)由于年代隔远,记忆失真,导致画家误把1879年欢迎前美国总统格兰特(Ulysses S. Grant)而举行的水龙贺会当作首创。尽管有此失误,其言此项活动之"非易觏"倒确为实情。

在1883年成书的《淞南梦影录》中,后任《申报》主笔的黄式权对格兰特的沪上之行记忆犹新,描述亦周备:

> 光绪己卯六月，前米利坚总统格兰脱，偕其夫人来游沪上。格君以海国之雄才，登蛮邦之宝位，政声卓著，中外同钦。凡部下臣民，无不望之如神明，爱之如父母。至是襜帷庋止，纵览物华。英、法、美三租界中，家家悬彩，户户烧灯，玉漏无催，金吾不禁。自小东门外至里虹口，光明照耀，恍游不夜城中。各洋行门首以自来火铁干，拗成番字，译其义为祝颂格君之意。英工部局则出水龙会以志庆幸，蜿蜒夭矫，万沫齐飞。西国乐工，更弦管锵鸣，合献万年之乐，诚通商以来第一胜会也。如是者凡三日夜，中外游人以亿万计，若蚁聚，若蜂屯，几有挥汗成雨、吐气成云之概。（卷二）

不过，黄氏对于此次"通商以来第一胜会"的记载，虽无遗漏，仍嫌不够详细。并且，所谓"游人以亿万计""三日夜"的说法，也与事实有出入。这自然是以当日《申报》的新闻作对照的结果。

1879年5月21日的《申报》上，以"水龙贺会纪盛"为题，刊出了一则一千五百余字的长篇通讯，对19日夜间的活动盛况作了巨细无遗的报道。记者显然是以文章笔法入墨,故起承转合、详略穿插都有讲究。开篇先点题:"闰三月二十九日夜,英、法租界浦滩盛设水龙大会,以敬贺美国前总统格兰脱礼也。"简单说明缘起。接下来即概述,"日间浦滩各洋行已预悬琉璃灯、明角灯、纸灯于房檐下及沿浦之树间,又先制新式电气灯数盏;清道辟尘,捕房中人亦不遗余力",而铺陈的重心实在晚间。

记者顺时叙来,笔锋便落在赶场的观众身上:

> 七点钟以后,城厢内外诸士女倾巷出观,各洋行门首之阶次已如蜂屯蚁聚,无插足处。初届九点钟,租界各马车行及野鸡马车及东洋车已一空如洗,齐集于黄浦江边。人如海涌,声似雷轰,觉联袂成帏,挥汗成雨,犹未足方斯万一,盖统计已不下数十万人矣。

比起黄式权的"以亿万计",《申报》的"数十万"已算是相当节制,但这也差不多等于"倾城而出"的同义语了。

一番铺垫之后,当晚的主宾格兰特于九点半出场。其"乘马车自南而北,御车者戴金盔,穿红衣。经过各大洋行门首,各西人皆摘帽声诺以欢迎,总统科头危坐以答之。迤逦至汇丰银行下车,而入登月台以眺赏。夫人、公子亦

追陪于台上,各领事及董事等亦谨陪焉"。前总统一行既已安顿妥当,好戏随即开演:

> 遥闻西乐齐鸣,轮声轹辘,知各水龙将至,众咸拭目以观。先见长柄灯纷至,灯上或书"钱业公所"、或书"洋货公所"等字样,火光怒发,旗影斜飞。但见英国水车二乘如游龙之婉至,一车上以白绢扎作双龙戏水之形。方目眩间,法国水车继至,红绫黄缎,错杂成章。车前立一幼童,装点如神,手执钢叉,巍然直立。俄而美国洋龙又至,点缀如前,而护从者多于前,皆衣红服而戴铜盔,且有手执火把之人夹行道左。其尤奇者,各车上既置煤气灯,以照耀于广陌之间,复添置电气灯,逼近放光,蓝、黄、红、白彩色不一而足,遂使车中人及道旁观者,咸如入不夜城而鉴须眉也。

这一次的水龙游行仍然是真假参合,而以洋水龙为主。不过,值得注意的是,记者的笔墨已开始向假龙倾斜,留给真"龙"即"水车""洋龙"的所有形容,也是虚胜于实。显然,为了迎合美国嘉宾的观赏趣味,表演中更凸显了中国情调。诸如双龙戏珠的造型,"装点如神,手执钢叉"的童子,甚至在西人主导的活动中,以中国商人的行业组织标识打头,凡此,无不是为了刻意呈现中外同庆的和融景观。

水龙车的行走路线也与1872年的单线巡行不同,"既过汇丰,仍纷纷向北,至虹口大桥,始又折回而南"。在格兰特总统是两次寓目,足以尽兴,"而游人之至较迟者,亦不至有空入宝山之叹",设想可谓周到。

尽管记者对"岸上张灯之盛"亦慷慨地给予不少篇幅,但《水龙贺会纪盛》的标题已明白显示出,水龙仍是此次欢庆当仁不让的主角。而格兰特则未及等到迟至午夜一点钟方散的盛会结束,所谓"总统倦游,旋返",说明他应该是在看过作为重头戏的献礼节目水龙巡演之后,即行离去。这在礼节上也算得周全。

当然,在欢乐的主旋律之外,也少不了"乐极生悲"。并且,这俨然已成为报人写作新闻稿的固定套路。轮到这回的故事是:

> 惟水龙行至耶松洋行门首,有工人姚瑞禄专管添置硫磺火料,俾水龙上放出异彩者。不料延烧手指,

急挥手时,火星正落药桶,陡然轰起,致伤中国人三名、西人两名,姚亦手足受伤。闻一华人因伤重身死,一西人则轰去腿后肉,流血过多,恐难保其躯命也。又水龙初出时,内有一龙亦因药发,致焚彩饰,亦觉可惜。

大型聚会中出现伤亡一类的严重事故,属于罕见特例。至于"失钗堕履,所在多有""鼠窃狗偷,在所不免",则是每会必有,说不上稀奇,倒适足以烘托热闹氛围。

而大出风头的水龙会在这一回也走到了峰巅。八年后,为庆祝英国维多利亚女王登基五十周年,在沪西人再度举行盛大庆典,我们已明显看到,水龙的演出不再成为活动唯一的中心。《申报》于1887年6月26日与27日两天的连续报道中,标题既拟为《西会志盛》与《续志盛会》,有关水龙的记述也被放在了"尚有形容未尽者""试再述之"之列。与之处理手法相同,《点石斋画报》也在第一一九号(癸十一)上连续用了六幅图像,表现"寓沪英人望祝英君主陛位五十载庆典"的场景。在鸣炮致贺、盛装游行、施放焰火、动物展览、水塔悬灯等系列画面中,水龙出会也只排为第四图。当然,应该说明的是,此次庆祝集会乃是自下午四点钟开始，一直持续到深夜十二点。水龙的出演本定在晚间十点，第一次的报道尚不及写入。

实际上，1887年6月25日的庆贺活动，本应在英女王即位的6月21日举行。然而，天公不作美，当日"鹭翘鹤企，欲观水龙会、烟火、灯棚诸胜景"的众人，等来的却是"持西字传单分派者"的改期通知（《祝禧纪盛》，1887年6月22日《申报》）。并且，这一延就是五日，正好或者可以说是故意赶上了重五端阳节。如此中西节庆叠加，尽管老天仍不赏脸，下午是"商羊飞舞，密洒雨丝"，入夜则转为"大雨倾盆"，但"中西人之采烈兴高者，亦复腊屐冲泥，以冀一饱眼福"，"观者仍拥挤不堪，如在山阴道上"（《西会志盛》《续志盛会》）。

公正地说，此次的水龙会花样翻新，应属格外出彩。其队列行进情形如下所记：

> 初有持月华灯，上写"烟火处"三字者。继之以皮带车，装各式花灯。俄有绢扎青龙灯，天矫盘舞。随后有西人二十余，皆身穿红衣，首戴铜帽，手持火把，鱼贯而行；又有华人之为小工者，红衣竹笠，分列两边，沿途燃放流星烟火。又有松柏亭一座，插满

大小各旗,异随其后。殿以一车(按:原字不清,代拟)如船式,内坐西国小孩十余人,一路奏乐。

虽然救火车照例出场,但已完全引不起记者的兴趣,一句"各洋龙之华丽与前相同,无烦赘述",便将其轻易打发。《点石斋画报》的画家还算手下留情,洋龙与绢龙在图像中一前一后,似乎是平分秋色。但稍加留意,即可发现,前车的洋人正扭头观望,其视线聚焦之处,恰落在后面跟进的青龙灯车上。经由配图文字,我们也能够知道,那是华商丝业会馆的杰作,"西人见之,皆拍手称妙"(《寓沪英人望祝英君主陟位五十载庆典第四图》,图5)。画面便定格在这一刹那顷。至此,洋龙的在场除作为陪衬,已没有多少娱乐效应可言。

从水龙会的变质,越来越向中国传统的民间灯会靠拢(《点石斋画报》即径直将最后一车称为"灯船"),由此造成洋龙的黯然失色,其间的道理也不难明白。最初以救火洋龙"万沫齐飞"的喷水为主体的表演(图6),在日复一日履行职责、往来街市的过程中,其形象与功能已逐渐为上海大众所熟悉。与此同时,日益失去新奇感的洋水龙,对于关注"剧情"而非日常生活的记者与画家,吸引力自然递减甚至全无。而反过来看,起初尚须借助娱乐大众而引起观照

图 5 《寓沪英人望祝英君主陟位五十载庆典第四图》(《点石斋画报》)

图 6 《救火洋龙》(《申江胜景图》)

的救火车,在当年中国人的眼中,多少还带有"奇技淫巧"的意味;倒是其在水龙会的风光不再,被中国龙灯夺去头彩,方表明了它的回归本位——上海大众对来自西方的灭火洋龙已不见外。

不过,此处的解说其实有明显的地域限制。上海之外,即使是天子脚下的帝都北京,不要说1880年代,甚至迟至1907年,救火的器具还是停留在日本的"龙吐水"时代。当年北京《星期画报》所摹绘的《起花惹祸》(图7)等

图7 《起花惹祸》(《星期画报》第20期)

图像中,穿梭往来向水柜送水的挑夫,正在用力拉动压杠以使喷头射水的役夫,均显示出水龙在其时的京城仍然是最活跃的灭火主角。这与《点石斋画报》里一再出现的洋龙显威场景形成了鲜明对比,现代化步伐在晚清中国的速率不一,于此一细物上也得到了反映。

溢出题目,还可以补叙一笔的是,早在《格致汇编》刊载《便用水龙说》时,即未曾将水龙视作单一的灭火器材,而是表彰其具备多种用途:"如天旱灰尘过重,以此器喷水,可使尘灰不起;即灌溉田畴园圃等,只以二人之力,为事甚省。"迨至1891年夏季出版的第六年第二卷杂志上,更赫然出现了《水龙治民乱》的"格物杂说"。其能够胜过枪弹的原因是:

> 凡人烟稠密处,民易猬集,借端滋扰,情势汹汹。派兵弹压,虽开枪燃炮,奈民不畏死何!然忽倾盆大雨,则众不遣自散。盖衣湿身凉,愤气顿挫,欲闹亦不便也。

举例则有法国巴黎立拿破仑像时,曾备水龙多只,驱散意图闹事的人群。不仅此也,水龙亦可作为防身武器:"轮船行经多海寇处，每备冷热二水。寇欲登船，则喷冷水以拒之，寇不堪苦，自退。不退，再喷以温水，益难堪。仍不退，即喷以沸水，肤为之烫，苦不堪当，则未有不退者矣。"这样的移作他用，其时尚属新奇。现在以更先进的高压水龙对付示威者，也早已见惯不怪了。

2008 年 4 月 22 日于京西圆明园花园

上海道台跳舞会记

　　文章的题目借自1897年11月24日出刊的《时务报》第四十六册。先要说明的是,其中"跳舞"一词,所指为源自西方的交谊舞,这在当年才会有新闻价值。

　　我辈出生也晚。等到知识初开,又遭逢"文化大革命",其时舞会已被作为资产阶级腐朽的生活方式而饱受批判。这在潜意识里形塑了我的"舞会观",使我始终对交谊舞缺乏热情。

　　未曾想,时至20世纪70年代末,刚入大学读书的我们这些文学专业的学生,又领受了学习跳舞的任务,并且是作为班集体活动,每个成员都必须参加。开始学习交谊舞的时候,很有些冷场。用来练习的体育馆中央空空荡荡,大家都或坐或立在周边,袖手观望。幸好班里有位出生中国台湾地区、来自阿根廷的华裔同学熟悉这阵仗,便由她主动邀请男同学共舞。僵局既经打破,于是有不少男生踊跃跟进。而且,在女生不足的情况下,也出现了男同学捉对入场的景象。

我也有了平生第一次的跳舞经验。不过,因为双方对舞步都很陌生,更主要的是,大家对这种接触方式还很不习惯,男同学手臂僵硬,女同学也注意保持距离,下面则是履舄交错,不断踩脚。于是,一曲终了,两人均满头大汗,我也自觉地落荒而逃。此后,便与一位比我年轻却更固执的站稳旁观者立场的女生一起,跑上二楼,扶栏俯视下面一众习舞的同学。

凭此经验,想象国门初开的晚清人观看西方舞会的感受,自觉足以有"同情之了解"。因此,在《林语堂自传》中读到以下一段文字,虽然林氏笔述的是1910年前后的情景,在我脑中勾起的却分明是三十多年前的记忆:

> 然而我在中学时期最为惊骇的经验就是有一天外国人在他们的俱乐部中开一大跳舞会。这是鼓浪屿闻所未闻的怪事,由此辗转相传,远近咸知外国男女,半裸其体,互相偎抱,狎亵无耻,行若生番了。我们

起初不相信,后来有几个人从向街的大门外亲眼偷看真相才能证实。我就是其中偷看之一,其丑态怪状对于我的影响实是可骇可怕之极。(《与西方文明初次的接触》)

应该分说的是,林语堂的父亲当时是一位与洋人多有接触的基督教牧师,林本人后来又以"两脚踏东西文化"著称。但当其四十之年回忆往事时,我们仍然能够感觉到晚清西人舞会给予他的强烈的文化震撼,以致表述中接连使用了"中学时期最为惊骇的经验"与"实是可骇可怕之极"这样最高程度的形容词。

西方舞会既然给予晚清国人如此强烈的刺激,也就难怪其时旅行欧美者采风述奇,会在游记中不断对此大加渲染。1868年抵达欧洲、居留英国两年多的王韬,在其归来撰写的《漫游随录》中,曾专列《舞蹈盛集》(图1)一节。虽然所见为苏格兰每年夏季举行的带有表演性质的集体舞蹈,故有队形的变换,王韬也用"西国男女有相聚舞蹈者,西语名曰'单纯'"("单纯"即英语"dance"的译音)加以介绍,但其笔底生花的描述,仍可与林语堂的印象互相生发,尽管评价可是天差地别:

图1 《舞蹈盛集》(王韬《漫游随录》)

诸女子无不盛妆炫服而至，诸男子亦无不饰貌修容，衣裳楚楚，彼此争妍竞媚，斗胜夸奇。其始也，乍合乍离，忽前忽却，将近旋退，欲即复止，若近若远，时散时整。或男招女，或女招男。或男就女，而女若避之；或女近男，而男若离之。其合也，抱纤腰,扶香肩,成对分行,布列四方,盘旋宛转,行止疾徐,无不各奏其能。诸女子手中皆携一花球,红白相间,芬芳远闻。其衣亦尽以香纱华绢,悉袒上肩,舞时霓裳羽衣,飘飘欲仙,几疑散花妙女自天上而来人间也。

这阵势已足够让王韬看得"目眩神摇,恍不觉置身何所",只能套用孔子"观止矣"的话头表达自己的赞美之情。

无独有偶,1890年随出使英法意比四国大臣薛福成抵达伦敦的驻英参赞黄遵宪,对西方舞会也有同样如登仙境、如遇仙人的奇幻感。只是,这一回,黄遵宪观看的确实是交谊舞会,且级别很高。在薛福成《出使英法义比四国日记》光绪十六年(1890年)四月初二的日记中,我们可以找到黄诗的出处:"晚十点,率同参赞黄公度、马清臣、许静山、张听帆,赴柏金韩模宫观跳舞会。十二点半钟回馆。""柏金韩模宫"者,今译"白金汉宫",乃是英国王室居住及举行国事活动之处。只是薛福成专心公务,那天的日记中,更多的篇幅留给了购买机器的记述,使我们完全看不到他对舞会的感受。幸好还有黄遵宪这首《感事三首》其一,用诗歌的语言为后人保存了一份现场记录。

黄诗采用七言古风体，开篇便以铺张扬厉的笔调，极写舞会之盛大：

酌君以葡萄千斛之酒，赠君以玫瑰连理之花，饱君以波罗径尺之果，饮君以天竺小团之茶，处君以琉璃层累之屋，乘君以通幰四望之车，送君以金丝压袖之服，延君以锦幔围墙之家。红氍贴地灯耀壁，今夕大会来无遮。

敞亮华贵的场地，异域风味的饮馔，众多来客乘坐高级马车，身穿绣金礼服。如此隆重盛大的舞会，由于诗人使用了第二人称，便立时拉近了读者与本来相当遥远的现场之间的距离，而恍如身临其境。接下来对于舞会参加者衣装、体态的描绘，多有与佛教仙人相通处，实为消除陌生感的有效手法：

褰裳携手双双至，仙之人兮纷如麻。绣衣曳地过七尺，白羽覆髻腾三叉。襜褕乍解双臂袒，旁缀缨络中宝珈。细腰亭亭媚杨柳，窄靴簌簌团莲华。

长裙曳地,肩臂袒露,如此标准而典型的西方女性舞会装束,在见识过此场景的晚清国人笔下大抵都不会错过。而黄遵宪将其置于仙人乐舞的情景中,即在幻化现实的同时,也透露出作者的欣赏心态。末后"诸天人龙尽来集,来自天汉通银槎。衣裳斓斑语言杂,康乐和亲欢不哗"之句,则使这种参与群仙大会的感觉贯彻始终。

以中国使节身份到白金汉宫观看舞会的,黄遵宪自然不是第一人。起码,在他之前,首任出使英国大臣郭嵩焘率副使刘锡鸿先已有此经历。可以想见,抱着"夷狄之道未可施诸中国"信念出国的刘副使,对皇家舞会也不会像黄氏那般看重。1877年6月22日,参加了英皇在"柏金哈木宫"宴请各国公使招待会的刘锡鸿,在他的《英轺日记》中,也不过记录了在他看来规矩奇异的英皇太子与夫人跳舞的情形:"世子别与一妇为偶,夫人又别与一男子为偶,夫妇不相偶也。"此外引起他注意的,便是舞会中间休息时,"赴别室饮宴,皆立于筵前而食,无坐位"的奇特习俗。

依照刘锡鸿的眼光,将"跳舞会"概括为"男与女面相向,互为携持。男以一手搂女腰,女以一手握男膊,旋舞于中庭。每四、五偶并舞,皆绕庭数匝而后止",已算是相当客气且节制的了。不过,在有关服装的描写中,刘氏到底无法超然。所谓"女子袒露,男则衣襟整齐;然彼国男子礼服下裤染成肉色,紧贴腿足,远视之,若裸其下体者然,殊不雅观也",便很有些不忍目睹的意思在其中。至于王韬看得兴高采烈的苏格兰舞,落在刘锡鸿的眼中,则是"女袒其上,男裸其下,身首相贴,紧搂而舞",虽不加褒贬,言辞中已带出十分的不屑。

相比而言,还是与刘锡鸿同时出国,以参赞身份随使英、德、法、日(日斯巴尼亚,即西班牙)的黎庶昌更开明。其《西洋杂志》中《跳舞会》一节,以古文家的细致笔墨,对欧洲一般家庭舞会作了专门的介绍。这种舞会的功能自然与刘锡鸿所谓"若以为公事之要者"的外交礼仪或公务交际不同,而带有更实在的男女婚配目的:

> 跳舞者,其源起于男女相配合。西洋之俗,男女婚嫁,虽亦有父母之命,而其许嫁许娶,则须出于本人之所自择。女子将及笄,其父母必为之设跳舞会,盛请亲友宾客临观,或携赴他人之会,一岁中多者至于数十百起。宫庭举行者,只三两次。官绅殷富之家为最多。

在对于男女舞会礼服大同小异的形容之后，黎氏特别关注的是其礼俗成规：

> 其法于入门时授以格纸，人各一片，双叠之，长可三四寸，如小书形。上系丝绳，缀铅笔于其端。凡男子欲跳舞者，先与素识之妇女，一一请其可否。若人许之，则记其姓名次序。若无素识者，主人或为之进引。依次而舞，多者至一二十次。每次毕，相与点头为礼而退。皆有音乐节奏之。

此一摹写再配上《点石斋画报》中画家符节所绘《跳舞结亲》（图2），堪称图文并茂。

《跳舞结亲》刊于1889年8月底出版的《点石斋画报》第一九八期（午六），从题目已可窥知画面的主题。在场中结对跳舞者均为青年男女，择婚之意被表现得分外显豁。附于图上的文字不只对先期折简邀约的舞会场景作了描绘，"至日，红男绿女，结伴而来，广厦宏开，鼓吹竞作。男抱女腰，女搭男肩，彼以跳来，此以舞往，绕屋数匝，力倦而止"；而且追踪了"此后便成相识"的情人们交往联姻的全过程："时而尊酒对酌，时而杯茗谈心，往来既稔，女心

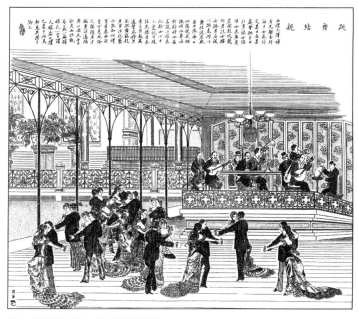

图2 《跳舞结亲》(《点石斋画报》)

十分爱悦,然后结朱陈为秦晋云。"

不过,《点石斋画报》既为新闻画刊,在异国风俗的传写之外,还该有具体的事件作为依托。对于《跳舞结亲》而言,其绘画的缘起便是由于前一年,该刊曾登载出自另一画家金桂之手的《择配奇闻》(寅四,图3)。图文系述一西人遮譬·阿粒幼在澳门登报求婚,广告中对女方的要求"兼及跳舞",记者对此大加指责,谓之:"此岂名门淑女所擅

图 3 《择配奇闻》
(《点石斋画报》)

长哉？抑彼国所谓'大家闺范'者，固非四德所能该欤？"这一依据中国传统对女子的"德言容功"要求裁断西俗的做法，落在此时的编辑与画家眼中，显然已大不合时宜。其自觉纠错的表现，便是再借助图像，表明"跳舞结亲"

之礼"实为泰西所重"的事实。末后的申言更有意味：

> 可见风俗之殊，随其方域。重洋远隔，周公固未尝到矣。而但执《昏义》一篇，稽"媒氏"一官，谓夫嫁娶之礼之尽于此焉，都见其囿于乡已。

这话便说得很重了。其意义不但已超出画面所指涉，推而广之，更有将固守《礼记》《周礼》一类被传统社会视为至高无上的经典者斥为乡曲鄙见的含义。也即是说，周公未尝到，孔子不及见，其事其情并不因此而丧失合理合法性。此语显然有为西方文化张目的用心。

至于《跳舞结亲》图像本身，固可以西方出版物中的照片、绘画为蓝本，但画家也很可能只是取材于本地风光。因为活跃在上海十里洋场的西人，日常本有举办跳舞会一项娱乐。这倒未必是出于婚姻的考虑，而更带有联谊的性质。1872年5月29日的《申报》上，便曾刊出过一组《沪北西人竹枝词》，其中关于交谊舞场面也有如下剪影：

> 小饮旗亭醉不支,玉瓶倾倒酒波迟。
>
> 无端跳舞双携手,履舃居然一处飞。

并加注云:"醉饮肆中,则男女抱持叫跳,以为相悦云。"这里采写的应该是西方人在上海开设的俱乐部中宴舞的场面。其实,不必醉酒,并非夫妇者也可相携起舞。"无端""居然"用在这里,还是显示出竹枝词作者对于西俗的不理解与不认同。

斗转星移,到了1907年,久居上海的孙宝瑄在其《忘山庐日记》中,对不以择婚为目的的"一男一女相抱而舞"的西国"跳舞之俗",便已表示十分欣赏。针对"我国人鄙之,以为蛮野"的非议,孙氏以"彼盖有深意存焉"为之辩解。其说曰:

> 男女相悦,乃发乎自然之感情,不可制也。而既非夫妇,则不能各遂其欲,必有郁结不能发纾者焉。惟听其行跳舞之仪,使凡爱慕于中者,皆得身相接,形相依,于以畅其情,达其欲,而不及于乱,岂非至道之极则乎?(丙午十二月五日日记)

以交谊舞为"发乎情，止乎礼义"的良方，这等奇思妙想大概可算是当年对于西人跳舞之俗最通达的见解了。

只是晚清国人，即使身处上海洋场，也很难像孙宝瑄这般能于此中见道，最多不过如《点石斋画报》之对西方异俗给予尊重与理解，即此已属难能可贵。因此，当1897年，分巡苏松太兵备道（通称"上海道台"）蔡钧将跳舞会这一西俗引进中国官场时，事情并不似《时务报》编者所指认的"跳舞会一节，在华人视若平常"那么轻易。从观看者到主办人，不仅是身份与角色的转换，其中实在也隐含了更深层次的观念变化。

先全文引录1897年11月5日的《申报》新闻稿《普天同庆》，以明其由来：

> 昨日为皇太后万寿圣诞，普天同庆，率土胪欢。凡泰西人士之旅居沪上者，亦以懿德所敷，恩周遐迩，仰坤仪于北阙，上晋祝于南山。浦中各国兵轮船咸高张五色旗帜，随风招飏，恭祝慈禧。入晚，九点钟时，关道宪蔡和甫观察假沪北洋务局恭设华筵，邀请各国领事及翻译、随员等官，与夫各国中之富商硕士，届时同莅饮宴。烹龙炙凤，脍鲤臛鼍，肴核纷

陈,水陆毕备。各西人跳舞欢忭,共祝慈龄。盖当此寿宇宏开,仁骈同隶,宜乎薄海陈欢,鸾歌凤舞也。

报道说明了同年11月4日,即阴历十月十日,为慈禧太后生日(那年她应该是六十三岁),上海道台蔡钧因此举行外宾招待会。宴饮之外,也有西人跳舞。从报纸语言看,似乎西人是专为恭祝慈禧太后寿诞而献舞;实则,被记者含混表述的西人所跳之舞,只是用以自娱的交谊舞。在此,我们不能不佩服《申报》记者的善于点化。而从中国本位出发,如此理解也在情理之中。

这里可以用来比较的是1897年11月6日在上海的西文报纸上出现的两则长篇报道:一为英文《字林西报》(*North China Daily News*)的《上海道台跳舞会记》,11月24日发行的《时务报》第四十六册有译载;一为法文《中法新汇报》(*L'Echo de China*)的《上海道蔡观察柬请西人跳舞恭祝万寿纪》,译文见11月下半月出刊的《经世报》第十二册。有趣的是,被中国报纸作为招待会中心节目大加夸说的"华筵",在西方记者笔下,前者不过仅以"所备大餐,肴香酒洌,皆极丰美"三句话简略带过,后文更只有"对面室中,则备有茶点美酒"之言,而毫不及宴会情景。二文显然别有关怀，通篇的重心不在饮宴而在跳舞，这从标题上已分明可见。

将祝寿宴易名为"跳舞会"，虽然未必符合蔡钧本意；但两家外报因此而发表的一通议论，倒证明了蔡氏此举的成功，确实达到了其原初的期望。其实，即使是关于跳舞会本身的叙写，在《上海道台跳舞会记》中所占的分量也很有限。勉强多加摘引，也只有这么几句：

> 跳舞场安设内院，上有天花板，下有硬木板。……斯时我西人之到者，或佩宝星，或领金线，或戎装介胄，或公服带刀，以及妇女之华丽衣服，亦一时俱备，鲜妍夺目。并有西乐一班，由班首斐纳带令鼓吹。未几宾客略散，即举行跳舞会，计共二十次，无不称美跳舞场之安置得宜也。

而《上海道蔡观察柬请西人跳舞恭祝万寿纪》直接关涉舞会的文字，不过一句"西人跳舞至夜半二点钟始毕"。与之相对照，两篇新闻稿的笔墨更多是落在了对蔡钧以上海道台身份主持跳舞会意义的评论上。

《中法新汇报》先声夺人，在简要交代时、地、人、事这些新闻要素之后，立刻以夸赞的语气标举此次舞会的重大历史意义：

> 是会也，在中国岁纪中，宜珥笔以书者也。即与会西人，亦宜记此盛事，以示不忘。夫以中国大员而设舞会娱宾，此为嚆矢。是岂仅寻常酬应已哉？直以中外为一家，力扫一切歧视他族之见。故能以西人之所尚，除中国之官气，毅然行之，不以为难。

这一表彰的前提，是固守中国习俗者对西方舞会一贯的拒斥态度："夫中国妇女，守不出闺门之训，跳舞一节，西国每传为盛事，华人则独诧为新奇。即游历外洋之华官，亦且于采风问俗之余，不以舞会为然。无他，狃于不习故也。"因此，记者称颂敢于破除中国旧习、"创行此事"的蔡钧为"极有胆识者"。

上海最著名的西文报纸《字林西报》，则从有守土之责的地方官选任说起，同样对举办跳舞会一事给予高度评价。开篇所言，"自蔡道台之莅任也，我西人闻之，咸欢欣鼓舞"，表明了西方人对蔡钧出任上海道台一职的中意。记者列举其原因有三：

一曰敦友谊也。中国讲求洋务以来，款待西人，非不彬彬有礼，然终有扞格之处。不若道台之和气可亲，令人乐于交接。一曰谙西例也。西国一切礼仪，与中国各别，惟道台每有举动，适相吻合，且能不以中国礼体，束缚西人。一曰重交涉也。上海为通商一大埠，而道台有管理租界人民之权。使道属各官，皆能仰体道台之意，则所行各事自易措办，而局面亦可改观。

所以，在上海租界中生活的洋人一致认为，蔡钧的到任，"于洋务深有裨益"。而实际上，蔡氏从10月1日才刚刚署理上海道台，此时不过一月出头，即使有心，对洋务的推进也做不到立竿见影。如此评价，自然是基于既往而非单看眼前。

这里有必要简单追溯一下蔡钧的涉外史。根据《汪康年师友各家小传》（见《汪康年师友书札》第四册，上海古籍出版社1989年版）、《老上海名人名事名物大观》（熊月之主编，上海人民出版社1997年版）以及蔡所著书，可知蔡钧字和甫，为清监生，通英、法、西班牙等国文字，这在晚清应该算是非常难得的人才了，其走上外交一途也可说有相当的必然性。起初，蔡在广州粤海关汲水门任税务总办。1881年秋，随出使美、日（西班牙）、秘大臣郑藻如出洋。次年6月，留任驻西班牙参赞。1884年2月回国，曾赴福州办理通商局事务，又转任镇江道。在做上海道台期间，因对租界扩张事件持强硬态度，在各国使团的压力下，于1899年4月被撤职。1901年又出任驻日公使，两年后被召回。1905年乞休，移居上海，办中英文合刊的《南方报》。

自欧洲归来后，蔡钧曾撰《出使须知》与《出洋琐记》（图4），1885年由王韬在上海印行。蔡氏以自己驻节西班牙

图4 《出洋琐记》书影

首都马德里的经验,在二书中一再强调交际活动对于开展国家外交的重要意义。其急切陈言,在当时清朝的外交官中极为突出,故予人印象深刻:

> 为使臣者,无过亢,亦无过卑。尤必时与西人晋接,以通彼此之情。设使泥于"人臣无外交"之义,深居简出,养尊处优,一切概行杜绝,徒以虚縻廪粟,国家复何赖有此使臣为哉!夫使臣之职在固邦交、睦邻好而已,徒自夸诩,适为外人所轻藐耳。(《再陈管见》)

外交事务虽未必如蔡钧所言,以交际为首要,私谊也并不能如其所想象,可以左右公务,但蔡氏此说对于当年固陋自闭的清廷驻外官僚,确不失为痛加针砭的金玉良言。因此,其《出使须知》的重心,自然也落在讲求"与其国之卿大夫周旋酬应一切礼仪节文"上。

书中分列的每条"宜知"内容均可称详赡。以"赴寻常茶会宜知也"为例,蔡钧以为:"西国茶会最称盛会,每于春冬两季举行,匪以寻欢乐,实以联情谊也。"在作了以上的性质界定后,他又区分出大小两种茶会,逐一揭示其礼仪。如大茶会：

> 大者男女赴会，多至千数百人，必盛设音乐，备大跳舞。晚间十点钟或十一点钟，客始到齐。散则并无时刻，其能跳舞者竟至天明而止。如不能跳舞，则于十二点钟到餐房稍用茶点，至一二点钟可以回署，毋庸见主人告辞也。

又交代，赴会务必带请帖，因怕人多混杂，入门时要查验。此种茶会的特点是客人很随便："主人候于厅事前，相见握手后，即可任意行坐，或寻认识者叙谈，并无拘束。"小型茶会宾客为数十到百余人，"恒有每礼拜举行一次者"。其原本为西方官绅之家的娱乐项目，而"各国使署解讲应酬，亦相继兴，用资联络"。这种茶会也有跳舞，并有女客弹琴唱歌、男客当众吟诗等节目。蔡钧特别提醒参与者："此时如在座中，切不可径往别处。须俟其唱吟既毕，随众抚掌赞美，然后他适。"当然，最后离去时，也必须向主人告辞，以尽礼节。

而从《出洋琐记》中，我们又可以知道，懂得规矩的蔡钧在马德里期间，不仅积极应邀出席各种茶会，而且自己也在使馆中如法炮制，借以联络感情。只是，由于活动频繁，蔡氏身体吃不消，很快累病，这尚在其次；最令其烦心的还是经费不足："钧驻日都，每举一茶会，辄费千金。当事者即捐俸资为佽助，亦难为继。"（《出使联络略述》）这也成为他在医病之外请假回国的重要原因。深感困窘的蔡钧于是向朝廷呼吁，在驻外使馆的费用中，应增加"联络"一项预算。

既然已有在国外开办含交谊舞内容的茶会经历，蔡钧于走马上任上海道台之初，立即抓住为慈禧太后祝寿的机会，举行跳舞会，也算是轻车熟路，顺理成章。何况，在蔡氏，此会又有一举两得之效：既可取悦慈禧，亦可与西人联谊。而后者的反应来得更直接：

> 本月四号，礼拜五夜，即华历十月初十日，是日恭逢中国皇太后万寿圣节。此在历任道台，不过一纸具文，照会我西人而已。今道台独能洞明西例，大开盛宴，预发请帖六百分，遍邀各国领事，英、法、德各水师提督，暨名望素著之各绅商士女，届时齐集静安寺马路洋务局行辕中，举一跳舞之会。而我西人之忝荷宠招、愿言莅止者，均得躬逢其盛。懿欤休哉，

可谓盛矣！（《上海道台跳舞会记》）

后面两句赞词，大约属于译者的笔墨摇曳，可以不论。以上叙述起码让我们了解到，蔡道台确实有魄力，不只是打破官场常规，开办舞会；并且，一出手便属意于他所界说的大型茶会。此番已不比在西班牙时的心有余而力不足，蔡钧显然财力充裕，故能指挥下属，大事铺张。《中法新汇报》的记者因到场早，得以登楼入室，周览内外，故报道中记述尤详。

位于泥城桥路六十三号的洋务局，"前为花园，路平如砥，有纵有横。悬灯三千盏，奇形异制，光怪陆离，顾而乐之，不啻仙境"。而"正屋外长廊环抱，坐椅罗列，所悬灯彩，与电灯相辉映，令人目为之眩"。外面灯光交织，已是宛如白昼般的明亮辉煌。进入室内，更是让记者惊喜不已。更衣后，他最先来到的是大厅。此厅长约五十米，宽、高均约十五米，"地板以蜡磨光，可以为鉴，盖为跳舞而预备也"。厅中的陈设也极奢华：

> 环顾四壁，绣彩缤纷，画屏如嶂，鲜花盆景，娇艳动人。华人尚红，而此更金碧辉煌。加以电光烛

光,光彩发越,绚烂可知。盖至是而会中人心目俱开矣。

厅中还设有奏乐台,四围则是吸烟室、餐饮室、休息室及蔡钧的办公室。楼上为内眷憩息处,故设中式座椅。蔡钧的夫人即在此与记者相见。最妙的是,"其间更有一室,备官眷起居,俯视厅中,历历在目"。而这个专供女性临观舞会现场的房间,又特意于"窗前悬旗以障之"。在尽享耳目之乐的同时,仍然不忘遵守礼教的仪式,这恰是晚清洋务派官僚的特色。

蔡钧本人则率同下属陈季同、上海知县黄承暄等在大厅门口迎接来宾,并且,照顾到"西人素苦拘行华礼",而改为"仿西礼,握手问好",令洋人"自觉情意更亲"(《上海道蔡观察柬请西人跳舞恭祝万寿纪》)。受到如此隆重、得体款待的西人不由赞叹:"由是而观,我西人之驻沪者久矣,与华官之交涉者亦屡矣,而欲如蔡道台之独行其是,能以西例敬礼西人,盖不多觏。今乃莅任之初,即创斯举,于恭办庆典之中,寓联固邦交之意。"《字林西报》记者因此推论,"自有此会","以后交涉之事,和衷共济,彼此可免猜嫌",不能说没有根据。

但还有一点，在蔡钧上引二书与西方报纸中都被放过不提而其实更为关键，这就是外交官的首要职责是维护国家利益。上海的洋人对蔡氏由欢迎看好到迫其落职，原因也在此不在彼，尽管蔡钧的交际应酬功夫在当时已属一流。

2003年1月6日于京北西三旗，4月20日改定

诞生张园的文明结婚新礼式

有一种感觉,似乎结婚这件事,从古到今,意义与重要性在递减。古代中国人对婚姻的看重,在《易·序卦》以下一段文字中有最权威的表述:

> 有天地,然后有万物;有万物,然后有男女;有男女,然后有夫妇;有夫妇,然后有父子;有父子,然后有君臣;有君臣,然后有上下;有上下,然后礼义有所错。

由婚姻缔结的家庭不只是社会建立的基础,而且,维系社会结构的人伦规范,即所谓"礼义",也须从婚姻中产生。于此方可明白,在现代人眼中,说到底只是个人大事的结婚,何以在古人那里会慎之又慎,仪节烦琐。仅《仪礼》中一篇《士昏礼》,便足够让人读得头昏眼花。即使经过简化的民间聘娶仪式,也仍有包括送彩礼、迎亲、拜堂等不可省略的环节。

而在传统婚姻约定俗成的程序上,"父母之命,媒妁之言"是必不可少的先决条件。孟子所谓:"不待父母之命,媒妁之言,钻穴隙相窥,逾墙相从,则父母、国人皆贱之。"(《孟子·滕文公下》)也即是说,未经媒人传言于先、家长决定于后,其婚约便得不到社会认可。如此,当事人的意愿基本不在考虑之内。

晚清西风东渐,自由恋爱、自主婚姻观念也传入中国,相沿数千年的包办婚制于是受到极大冲击与挑战。1892年,浙江学者宋恕在写于上海的《六字课斋卑议》中已提出:

> 男女许自相择偶,己俩属意者,家长不得阻挠另订。

为此,他还设计出由当事人亲订婚约的手续,如"无两边甘结",或因结婚男女不识字而由他人代填却无本人画押之婚书,"倘涉讼呈官,以废纸论,该家长以诬指订婚论";家长如未经子女同意而代写婚书,平民杖责一百,官绅等则革去职俸与功名,且"毁书离婚"(《婚嫁章》)。显然,这种契约形式的制订是为了保证婚姻的绝对自主自愿。(图1)

上述内涵在1903年初版于上海的《女界钟》一书里,获得了更为精当的概括。作者"爱自由者"金一,后以字松岑或本名金天翮、金天羽行世。这部为他博得了"我中

图1 《婚礼之变迁》(《图画日报》)

国女界之卢骚"（林宗素《〈女界钟〉叙》）荣誉称号的《女界钟》，已明确将"婚姻自由之权利"规定为"今日女子应当恢复"的六权之一。第八节《婚姻进化论》虽然也援用了上引《易·易卦》开头的几句话，但自"然后有夫妇"以下，作者笔锋一转，径直链接上"爱情为婚姻的基础"这一现代命题，使前言与后语之间相映成趣：

> 夫妇之际，人道之大经也。而人道何以久？非婚姻，婚姻其仪式也。仪式之中有精神，是名曰爱。

作者不由赞叹："神圣哉此爱！洁净哉此爱！"再为"婚姻"下定义，其事已与国家、社会、家族了不相干，而只关乎一己之情爱：

> 婚姻者，世界最神圣最洁净的爱力之烧点也。

这一表达尽管带有这个时代"张大其辞"的特点，我还是愿意把它视为晚清新型婚恋观诞生的宣言。

金一心目中的理想婚姻乃是以西方为典范。尽管足未履欧美，却并不妨碍其言之凿凿，如数家珍，且从仪式到精神均了如指掌。倒推二十年，情形便暗昧得多，国人甚至对西方的婚习也因少见而多怪。1885年的《点石斋画报》第五十八号发表的《西例成婚》(戊十，图2)一图，本是以介绍西俗为主意，但文字中流露出的，仍然是莫名其妙。开头先说明："西俗，凡男女配合而为夫妇者必署券，

图2 《西例成婚》
(《点石斋画报》)

领事为签字；行礼于教堂，必设誓，掌教为主婚。"交代的是西人赴官署登记结婚与牧师在教堂为之主持婚礼的正规程序。接下来属于新闻报道，述上海租界中某法国人于某日完婚，循例行事。绘图者出于画面的考虑，显然对教堂结亲的场景更感兴趣；文字作者则另有关怀，车后随行的十几位西方妇女引起了他的注意："其为伴娘送嫁者流与，抑贺喜之戚友相与成其美与？"揣摩不定，他只好坦白地承认"莫名其礼"，于是"姑会之以意"。所会之意，从画面上看，大概是兼而有之吧。

其实，对于那时的国人还显得相当陌生的西方婚习，起码在1874年5月出刊的《教会新报》第二八六卷中，已有足够详细的描述。由西方传教士在上海编印的这份杂志，于宗教宣传之外，也带有传播西方文化的诉求。《西国教会婚礼》可说是将两项目标合而为一。其所展示的教堂结婚仪式，落在看惯西方电影的今人眼中，实在太过熟悉，很容易被看作陈词滥调。不过，当年用半文不白的语言摹写的现场实况，以及给予时人的新奇想象，今日重温，倒会因时间造成的陌生化效果而显得格外生动。如叙说牧师主婚时，先须求证于大众一段：

> 至婚期，新郎、新妇之亲属陪伴二人至会堂，新郎立于教师左，新妇立于教师右。教师向众云："弟兄阿，吾侪今在天主前聚集，与此二人成婚姻大礼。婚姻事甚贵重。……天主设此婚礼，一为生育儿女，教训儿女，敬畏天主；二为敦行人道，可免邪淫污秽；三为夫妇同处甘苦，彼此互相扶助安慰。所以不可轻忽草率，必应恭敬虔诚，遵奉天主，成此大事。今此二人将结亲，尔众若知有何妨碍，应当立刻声说；若兹不云，终久不可云耳。"

在上帝面前作诚信的揭发，我读此节文字，脑中立刻浮现的便是电影《简·爱》中女主角与罗切斯特教堂结婚的情景。由于有人举报罗妻尚在，虽然人已疯癫，罗照样没有重婚的资格。

阅读这段牧师之言也让我发现，西方教堂婚礼的程式设计，也同样有与中国传统婚仪严重其事以显神圣的考虑。古人云："昏礼所以成男女之别，明夫妇之义也。昏礼行，而后父子亲，君臣正。故昏者，礼之本而人伦之所先也。"（郑居中等《政和五礼新仪》卷首）只是，其中仍有区别：在中国，婚礼的精义为"别男女"以"防淫"；在西方，牧师则将信仰天主置于首位。

不过，这还不是最大的歧异。当新郎、新娘在天主面前起誓，肯定二人已具备合格的结婚资历后，婚礼进入实质阶段，牧师的主婚才真正体现出与中国旧式婚礼的鸿沟区划：

> 教师先对新郎云："尔愿娶某女为妻，遵照天主圣命，与其度日，无论其有无病症，你多敬爱安慰，尊重保护，与伊终身相守乎？"
>
> 新郎云："是吾情愿。"
>
> 教师向新妇云："尔愿与某人为妻，遵照天主的圣命，与其度日，无论其有无病症，尔多顺从敬爱，尊重服事，与伊终身相守乎？"
>
> 新妇云："是吾情愿。"
>
> 教师云："谁将此女给此男为妻？"新妇之父兄将妇之右手递与教师。教师命新郎执新妇右手，新郎随教师云："吾某娶尔某为妻，愿遵天主之圣命。自今以后，无论安乐困苦、贫富疾病，吾都敬爱保护尔，直到终身。此吾应允尔。"教师又命新妇用右手执新郎右手，新妇随教师云："吾某妇与尔某为妻，愿遵天主的

圣命。自今以后,无论安乐困苦、贫富疾病与否,吾多敬爱顺从服事,直到终身。吾都应允尔。"

新郎将戒指戴于新妇左手第四指上,随教师云:"吾奉圣父圣子圣灵之名,娶尔为妻,将此戒指戴在尔指作凭据。以后吾之财产亦是你之财产。"

随后,牧师率众人祷告祝福。再令新郎新娘"彼此合手",牧师云:"天主所匹配之人不可以分开。"经过这一番仪式后,主婚人才当众宣布婚姻成立,二人正式结为夫妻。

之所以不惮烦地大段抄录,原是因为在程式化的重复中,包含着郑重其事的深意。内中所透露的一夫一妻、家庭财产共有等观念,对于晚清的国人虽然也很新颖,但尽先向新人提出的是否自愿,才是判断婚姻性质的关键。也就是说,在婚约的缔结中,首先被考虑与尊重的是当事人的愿望。此时,新婚夫妇的家长虽然也在场,并有付托新娘与新郎之举;但此仪节已在确认自愿原则之后,因此属于追加承认,表达对儿女意愿的认可,同时也使婚姻行为显得更庄重。用晚清人的话来说,中国传统婚制"不问子女之志愿相宜与否,惟凭父母之意见,而强合之,是谓专婚";西方现代婚制则是"请命于父母,要求承诺为之主婚"。二者的区别在于:"盖专婚则父母为绝对的主体;请命于父母,则以请命者为主体矣。"(燕斌《中国婚俗五大弊说》,《中国新女界杂志》第三期,1907年4月)上引《西国教会婚礼》所记述的,正是"父母主婚"的具体演示。很显然,由仪式明确传递出的信息,乃是西方的父母并不握有子女婚姻的决定权。

而所谓"仪式",本是解读特定社会文化关系的符码。这里,略微追溯一下我们祖先古老的婚姻传统,以与西方比较,应该有助于理解后文将要言及的晚清婚俗的改良意义。而且,需要先加说明的是,中国古代婚仪有非常严格的等级区分。这在被后代奉为经典的《仪礼》中有清楚的规定。此处只以保存其中的《士昏礼》为例,因所记载的是用于周代低级贵族"士"的结婚仪式,这与我们后面希望讨论的晚清学堂学生的婚礼,阶层比较接近。

不必说,如果直接引用《仪礼》原文,其古奥难解足以吓退绝大多数现代读者。幸好,1965年,在考古学家李济的倡导下,我国台湾地区成立了"仪礼复原实验小组"。这项由孔子七十七代孙孔德成教授指导的研究计划,最终结集成《仪礼复原丛书》。不过,五十万字的丛书仍然相当专深。如今,得益于现代科技,其中《士昏礼》的研究成

图3 《仪礼·士昏礼》
CD 封面

果,已由台湾大学中文系叶国良教授主持制作成 CD 动画片。(图3)看影碟固然直观、惬意,此处却做不到。只好退而求其次,将说明书中简要介绍《士昏礼》大关目"六礼"的文字节录于下,以见梗概:

  纳采:男家派遣使者到女家提亲,使者拿着活雁当作见面礼。
  问名:男家使者向女家问取女子名字。
  纳吉:男家派遣使者将婚事占卜的吉凶告诉女家。
  纳征:男家派遣使者带着聘礼到女家订婚。

请期：男家派遣使者和女家商量迎娶的日期。

亲迎：新郎在黄昏时亲自率领马车到女家迎娶新娘。

在这一整套仪节中，婚姻的男女主角直到临近结束的"亲迎"阶段才出场，而此前，他们的命运已由父母以及传达"父母之命"的媒人决定了。至于真正的婚礼，反只剩下了宴饮一事，即"妇至成礼"所指代的"新娘到达后，男家举行酒宴款待新娘和当天帮忙的人"。

在繁复的仪式中，诸如"揖入，三揖；至于阶，三让"一类的礼节不断被重复。录制影碟时，为节省时间，已将"问名""纳吉""请期"里与"纳采"相同的礼仪一概省略。现代人到底还是没有足够的耐心，完整地观看这些显得十分枯燥的程式动作。不过，我在此文的讲述中，却要冒犯读者的阅读口味。因为在我看来，仪式的重复本身也是意义的积累过程。何况，最古老的表述或许正是最现代的艺术。君不见，由英国著名社会学家邓肯·米切尔（G. Duncan Mitchell）主编的《新社会学词典》（上海译文出版社1987年版），正是将"仪式"解释为"象一首诗，它是将充满一系列意义的象征集中起来的安排"。

追寻晚清新式婚礼的诞生,标志性的事件应该算是蔡元培先生1902年阳历新年在杭州与黄世振结婚。首先,选择西历元旦而不是中历吉日成礼,已隐寓其婚姻观念之认同西方而非传统中国。其次,婚礼中最重要的节目是"以演说易闹房",显示出蔡氏相当自觉地与旧式婚俗划清界限。这一场婚礼演说会确实别开生面。先由新郎申述此一除旧布新之重大意义,因请友朋"以意赐教"。接下来,九位来宾各自发表演说(见蔡元培《日记》)。据曾经躬逢其盛的许寿裳先生多年后回忆,当时,陈黻宸引经证史,阐述男女平等理论;宋恕则加以反对,主张实事求是:"倘若黄夫人的学行高出于蔡先生,则蔡先生当以师礼待黄夫人,何止平等呢?反之,若黄夫人的学行不及蔡先生,则蔡先生当以弟子视之,又何从平等呢?"二人的争论成为此次婚礼中为人津津乐道的佳话。而蔡元培的回答也十分得体:"就学行言,固然有先后之分,就人格言,总是平等的。"(许寿裳《蔡孑民先生的生活》,湖南人民出版社1986年版《许寿裳文录》)

蔡元培杭州婚礼的革新意义可谓一目了然,值得关注的其实还有事情的另一面。蔡氏当年日记中"与黄氏女行昏礼"的过程叙述,仪式中最先一项,竟是"设孔子位,同行三跪九叩首礼"；申明以演说代闹房之义时，也引经据典，称："窃意古者女子于归，诸母有警戒之词，初到夫家，舅姑及族戚来者，亦必有以教之。"因而，蔡元培的"革故"也只是"正俗"，创新的演说在他口中也变成了"改今复古"之举。不过，这些蔡氏自以为是的旧礼，搬演于结婚场所，照样产生了惊世骇俗的效果。最终，古典的"正义"也只是成为接通现代意识的暗道，在古意盎然的仪式表象下，世人清清楚楚受到的却是最前卫的冲击。

只是，如蔡元培一般举行结婚演说会毕竟得算"异数"，可行之于以教育界人士居多的蔡氏婚礼，却不便普及推广。对大众而言，婚庆必不可少的是欢乐气氛；就新人而言，成亲终究是一件必须慎重对待的人生大事。在各方心理与新旧礼俗之间作折中调和，才使得诞生于上海张园（图4）的"文明结婚"新礼式为众人仿效，风行一时。

被同时代人誉为"创新婚礼"之先声的这桩婚事，乃是1905年1月2日廉隅与姚女士的结婚庆典。按照1903年编制的《日本留学中国学生题名录》以及当时的报刊资料可知，廉隅字砺卿，江苏无锡人，1900年9月赴日留学，入东京法学院，为官费生。因学校年终放假，归国结婚，时虚龄二十一岁。其兄为已移居上海的晚清名士廉泉，

图4 张园安垲第

1902年创办了文明书局。廉隅的新式婚礼被报刊冠以"文明结婚"之名,想来或与其兄的出版事业有关。女方目前只知姓姚,为安徽桐城人。这也让人联想起,廉泉的夫人吴芝瑛正是出身桐城望族。姚女士的学业状况未见报道,但根据上海务本女学堂校长吴馨与夫人葛尚平分别担任男女宾客代表的情况看,则姚氏或许为该校学生。这样一对新人的结合,颇近于晚清"学堂知己结婚姻"(秋瑾《精卫石》)的新潮理想。

婚礼的场所设定在张园,也是大有讲究。园主张鸿禄(字叔和)与廉氏为无锡同乡,有借地之便,这还在其次。最重要的是，俗称"张园"的味莼园，乃晚清上海最著名的私家花园。由于西人修建的公家花园（即外滩公园）不许国人进入，一批向中国游客开放的私人园林应运而生。张园便是私园公用中典型的一例。其园景设计已不同于传统，而带有中西合璧的特色。依据上海史专家熊月之的研究，园内最有名的建筑安垲第，本是英文 Arcadia Hall 的译音，意为世外桃源，与"味莼园"意思相近，由英国工程师景斯美（T. W. Kingsmill）与庵景生（Brenan Atkinson）设计。这是一所分为上下两层的高大洋房，可以举办大型活动，能同时容纳千人（熊月之《晚清上海私园公用与公共活动空间的拓展》）。推测廉、姚婚礼在此间举办，本是因为合聚会与宴会于一处，安垲第实为园中最合适的场所。日后，效法者盐山刘驹贤与桐城吴权之假座安垲第成亲，亦可为证明。而晚清众多新人物均曾出入张园，上海滩上的不少新事物也借此地登台亮相，则使得张园在晚清上海，几乎成了"时新"的同义词。

对廉隅与姚女士这一对新人物在张园举行的新式婚礼，当时新兴的传媒——报刊也有及时反映。在1905年1月3、4日上海的《时报》上，我们可以看到两则分别以《文明结婚》与《结婚新礼式续志》为标题的连续报道。前一日记述婚礼过程，后一日刊载仪式、证书。再参以同年《女子世界》第11期上《婚礼创新》的详录，这一婚仪便因其节目单与细节完备，而成为可供取法的典范。当然，报刊在其间的推介作用也不容低估。

婚礼于午后三时开始。《时报》所载其经过如下：

> ……请同乡张叔和为主婚人，宣读证书，致祝词。屏除旧时礼俗，参用东西各国文明规则。来宾如云，欢呼拍掌之声响应四达。由务本女学堂校长吴畹九君为男客代表人，述颂词；吴君夫人为女客代表人，述颂词；廉君复致答词。

《女子世界》在作了大体相同的叙述后，又有"一堂新礼，彬彬可观，实为文明结婚之先导云"数语，以尽力彰显此婚礼的创新意义。

可这些仍不过是新闻语言，如果作为一般的消息报道，简洁若此也算适当。然而，无论主办婚事者还是报刊记者，显然均有更大的企望，那就是发凡起例，示人以法。如此，才有后文集注于"参用东西各国文明规则"的详尽释说。

所谓"文明结婚"，最引人注目处在婚礼仪式的改变。

图 5 《文明结婚之简便》(《图画日报》)

全套礼式分为三节。(图 5) 第一节为"行结婚礼":

> 诸男宾伴送新郎,诸女宾伴送新娘,至礼堂北面立,主婚者西南面立,展读证书。新郎、新娘、主婚人、绍介人各用印毕,主婚者为新郎、新娘对换一饰品(如指环、时计类),即对立行鞠躬礼。主婚人读颂词,

> 新郎、新娘谢主婚人，次谢绍介人，均鞠躬退。此时贺客均拍手欢呼。

以上礼式的设定显然有借自西方婚礼处，如新人对换指环一类饰物，便令人想起《西国教会婚礼》中新郎为新娘戴结婚戒指的情节。废揖让而行鞠躬礼，可能更多是受了日本人行礼方式的启发。对于站位的规定，则明显保留了中国传统以方位定尊卑的习俗。从《士昏礼》记"纳采"等礼"主人以宾升西面，宾升西阶，当阿（按：正梁），东面致命；主人阼阶上北面再拜"，可知"西面"（居东朝西）与"南面"（居北朝南）为尊位（亦可参见《大戴礼·武王践阼》），这恰好也是"文明结婚"中专门留给主婚人的位置。如此中外交融，足证此婚礼之"参用东西各国文明规则"确乎信而有征。

而那份由主婚人宣读的结婚证书，为方便后来者套用，也以通用的书写格式在报章刊出。因其中多空格，不易看明白，这里再将1905年9月1日《申报》上载录的刘驹贤与吴权的结婚证书，以括号为标识，补充填空如下。如此处理的前提是，那场婚礼的全部仪式完全是照搬廉、姚文明结婚而来：

结婚男子（刘驹贤），字（千里），年（十九）岁，（直隶）省（天津）府（盐山）县人。

结婚女子（吴权），字（小馥），年（十八）岁，（安徽）省（安庆）府（桐城）县人。

因（周舜卿、薛南溟）君之绍介，遵守文明公例，两愿结婚，订为夫妇。谨择于光绪（三十一）年（八）月（初三）日在（上海味莼园安垲第）公请（张叔和）君主持行结婚礼，永谐和好，合立证书。

光绪（三十一）年（八）月（初三）日
结婚男人（刘驹贤）
结婚女人（吴权）
绍介人（周舜卿、薛南溟）
主婚人（张叔和）

假如依照现今论文发表的形式提取关键词，则"两愿结婚"当列首选。而两份证书唯一微小的差别是，签名处的"男人""女人"，在刘、吴那里已改作"男子"与"女子"。

宣读结婚证书后，主婚人也有一番祝颂之词："既举嘉礼，各守婚约。五福骈联，百年和合。寿考康强，子孙有穀。谨致祝词，我心孔乐。"这一祝词，与西方教堂婚礼中牧师代表众人颂读的"我们奉主之名,为此二人祝福"形式相近,也可以在任一婚礼上使用。

第二节为"行见家族礼":

> 先谒尊长叩头;次同辈,次下辈,彼此鞠躬行礼毕。时均授新郎、新娘以金银牌,或他饰物;下辈则各献花为贺(俱入礼堂瓶中)。新郎、新娘则于次日报酬之。

这里,拜谒长辈行的是传统的叩头大礼,见同辈与下辈则改用鞠躬新礼;平辈人送装饰品一类的小礼物,晚辈则献花。其间虽多出新,却仍体现出"尊卑有等""长幼有序"。

第三节为"行受贺礼":

> 男女宾各依新郎、新娘,以次排列,行一鞠躬礼。男女宾代表人出读颂词毕,各执一花,插于新郎、新娘襟上,复位,又一鞠躬。新郎、新娘出位读答词,谢众客,行一鞠躬礼。来宾又拍手欢呼。礼毕,乃宴饮。饮时随意举杯祝颂,或歌舞,尽欢而散。

举杯祝酒、献歌跳舞,在晚清张园这一时空中,无疑属于西礼而非旧俗,故需要记者特别说明。而作为受贺礼仪式主体部分的,仍然是宾主互致辞,亦分录如下:

男客颂词:嘉日良辰,祥光淑气;元吉在上,和乐且耽。惟 君与 君,合两姓之好,偕百年之老;既谐伉俪之情,永守婚姻之约。凡我宾僚,式观典礼,敬颂 君敦嘉耦之欢,得贤媛之助。轨仪中壸,福祚德门;比委蛇于山河,协穆邕于家室。子孙有穀,寿考大齐。颂祝同声,欢喜无量。

女客颂词:(前同)敬颂 君敦嘉耦之欢,作贤夫之助。内仪相翼,家政宣勤;偕挽鹿以同功,赞弋凫之成绩。子孙有穀,寿考大齐。颂祝同声,欢喜无量。

新人答词:嘉宾欢集,光宠已多;复承颂词过奖,实不敢当。不佞夫妇二人,谨当交相勖励,守夫辅妻齐之谊,以副诸君之雅意。还祝诸君,康乐吉祥,同臻寿考。谨谢。

男女宾客的致辞除与主婚人"寿考康强,子孙有穀"趋同的祝福外,更值得玩味的是"男女有别"的相异处:"轨仪中壶"说的是丈夫要为妻室立法则,"家政宣勤"仍然表明妻子应承担全部家务;男子需要维护的是家庭和睦,女子被瞩望的则是同甘共苦。所以,在新郎是"得贤媛之助",有所取;在新娘却是"作贤夫之助",要付出。大致说来,在自愿结合的新家庭中,并未根本改变"男主外,女主内"的旧格局。不过,这也不能算是中国独有的特色,前述《西国教会婚礼》中新郎随牧师起誓的"敬爱保护"之言,便与新娘自承的"敬爱顺从服事"表现出男女家庭地位高低之不同。而由廉隅代表新婚夫妇致谢的答词,毕竟强调了"交相勖励",并将古语"夫之言扶"与"妻之言齐"改易成"夫辅妻齐",虽只一字之差,还是透出了竞倡"男女平等"的时代气息。

通观文明结婚的礼式,涵容中西,兼取新旧,正体现了晚清之为过渡时代的特质。双方相爱与自愿乃结婚的首要原则,在场的家长在确认婚姻成立的契约及仪式中已被解除权力,而结婚证书却仍为介绍人保留了醒目的一席。这些都意味着"文明结婚"距离金一等人当年倡赞的"自由结婚"尚有一步之遥,因为它还缺少自缔婚约这一要素。

站在现代的高度,我们很容易发现晚清"文明结婚"

中传统的遗留；而如果转换视角，以当时人的眼光打量，那么，看到的便只有破旧立新。这也是廉、姚婚礼为何会得到新学之士激赏的原因——既然已断言"野蛮之婚姻不革命，我国新家庭决无出现之一日"，则此一结婚新礼式自然会被欣喜地认作"我国文明之花，胚胎于是矣"（《女子世界》记者按语）。

于是，言说者也有意无意忽略了其间的差异，让"文明结婚"迫不及待地以"自由结婚"的名义出场。躬行其事的刘驹贤与吴权的结婚礼式单，在成亲当日的《申报》刊出时，便赫然冠以"自由结婚"的标题。一首取名《自由结婚》的歌曲，也因此在就读于上海新学堂的两位男女学生"文明结婚"的会场上响起。

这支由无锡女校学生1906年5月27日于婚礼现场合唱的《自由结婚》歌，查其出处，原本发表在前一年的《女子世界》第十一期，那册杂志恰好同时登载了关于廉、姚"文明结婚"的记事。此歌也被收入上海文明书局印行的《女学唱歌集》，而前面我们已经提到廉泉与该书局的关系。因晚清创作的学堂乐歌今已稀见，故这里不避骈枝，抄录全曲，以存资料：

自由结婚

G调　　　　　　　　　　　　　　　4/4

1 1 6 5 3　5 | 6 6 5 3 2 | 3 — 6 6 6 5 | 3 5 6 — | 3 3 5 3 2 |
(1) 改造出新　中国，要自　新人一　起。莫对着皇　天后土，　仆仆空行礼。
(2) 可笑那旧　社会，全凭　媒妁通　情。待到那催　妆却扇，　胡闹看新人。

3 3 2 3 2 | 5 5 3 2 | 1 1 2 3 | 5 3 5 6 | 5 3 5 6 |
(1) 记当初指环　交换，拣着　生平、最敬　最爱的学　堂知一己。
(2) 如今是婚姻　革命，女权　平等，一夫　一妻世界　最文一明。

1 1 2 3 | 2 1 6 6 | 5 5 6 5 3 | 1 2 3 3 | 2 1 3 — |
(1) 任你美妙　花枝，氤氲　香盒，怎比得　爱情神圣　涵天地。
(2) 不问南方　比目，北方　比翼，一样是　风流快意　享难尽。

1 2 3 5 | 3 2 1 3 | 5 3 5 6 | 5 3 6 5 | 2 3 1 · 0 |
(1) 会堂开处，　主婚人到，　有情眷属，　人天皆大　欢一喜。
(2) 满堂宾客，　后方跳舞，　前方演说，　听侬也奏　风一琴。

这首歌在杂志刊出时并未写明作者，但读过金一所著《女界钟》的人，当会觉其歌词相当熟悉。在《婚姻进化论》一节，与刻薄地挖苦中国"男子亲迎之夕，东阶三揖，西阶三让；拜跪起立，如环无端；宾相喃喃，疑诵番咒；一人呆立，万夫揶揄"相对照，金一对西方婚礼的幸福欢乐，倒是毫不吝惜地挥洒笔墨，作了尽力铺排：

至于欧洲结婚之事,虽尊亲如父母,不能分毫干涉。居恒选择,必于同学之生,相交之友,才智品德,蠢灵妍丑,较量适当;熟习数年,爱情翕合,坦然约契,交换指环。结缡之夕,偕赴会堂,长老作证,亲知欢悦;同车并辔,握手归家,参姑嫜于堂前,开舞蹈之大会——夫如是其风流而快意也。此连理之木,共命之禽,所以生于西方,而不产于中国也。

这一段叙写与歌词中的场景一一若合符节,让我们几乎可以肯定,那演奏风琴的"侬",便是其时正热衷谱写歌曲,出版过《国民唱歌》《新中国唱歌集》等学堂歌集的金一,他因为高度近视而不肯戴眼镜,弹起风琴,"常常和黑白键子接吻呢"(柳亚子《五十七年》)。而我的这一猜测,在终于得见《(改良再版)女学唱歌集》时,也有幸得到了证实。这本1906年由倪寿龄编译、文明书局发行的女子学校音乐课教材,关于《自由结婚》的作者并未空缺,署名者正是金一。

而我之欣赏这首旋律简单的《自由结婚》,则是因为晚清"文明结婚"新礼式中各种必备的时新要素,均已提纯、熔铸于其中，传神写照，精光四射。在仪式连同其所包孕的庄严感越来越被看轻而日趋失落的今日，重温歌曲，充盈其间的神圣爱情、勃勃生气于是格外令人神往。

2003年5月1日完稿、7月16日修订于京北西三旗

晚清上海报刊中的秋瑾祖父遗闻

做秋瑾研究时，曾略微留意过其家世（图1）。按照瑾弟秋宗章的说法："先大父宦闽久，先君随侍，全眷侨寓，故伯姊实生于闽，时为光绪元年夏正十月十一日也。"（《六六私乘》）虽具体为福建何地说法不一，秋瑾诞生于祖父官所却为多数研究者认同。

接下来的问题是，秋瑾的祖父在福建所任何职，为何解任。对于第一个问题，其实秋宗章已有明确回答："祖讳嘉禾，字露轩，官福建厦门海防厅同知补用知府。"（《六六私乘》）依照老规矩，此处所说的官衔，应是"官至"后面所写的最高阶，或者为其生前所任最后官职。根据现有的几种秋瑾年谱，可以大体知道秋嘉禾（1831—1894）的仕途履历：同治乙丑（1865）补行咸丰辛酉（1861）科并壬戌（1862）

图 1 《同治癸卯科齿录》中的秋瑾家世资料

恩科举人，为遇缺先选补用同知；光绪四年（1878）署理云霄厅同知，八月到任；光绪十六年十月二十五日（1890年12月6日），改任厦门海防厅同知，至次年三月初二（1891年4月10日），其职由黄树珍接替（陈象恭《秋瑾年谱及传记资料》、郭长海等《秋瑾事迹研究》）。

秋嘉禾在厦门海防厅同知任上，只有四月余便卸职，按照官场通例，如此迅速离任，若不是奔丧守制或身患重病，必是遭忌解职。第一种可能性不存在，因秋氏后人并无此说。而1891年3月30日《申报》上所载《闽中官报》，倒是根据官方消息，称："署厦防同知秋嘉禾因病请假，遗缺应以试用同知黄树铨[珍]署理。"秋嘉禾回绍兴家居后，于1894年1月18日病逝，也可证实此言并非无稽之谈。不过，关于最后一种猜测，目前虽未见有论证，却也不应轻易排除。"因病"往往是另有隐情的托词，早已不是官场秘密。因此，笔者在编注《图像晚清》（百花文艺出版社2002年版）一书时，从《点石斋画报》中意外地发现了一幅与秋嘉禾有关的图画，便自觉有必要提供给研究者讨论。

在1891年5月14日出刊的《点石斋画报》第二六一号（亥九）上，有一则题为《德政何在》的图像（图2）。画面以锣鼓为先导，跟着一队歌功颂德的游行队伍。夹杂在

图2 《德政何在》(《点石斋画报》)

鼓吹手之间的,前有"视民如子"的木牌,后有"民之父母"的匾额,中间则是一柄高高举起、写满签名的罗伞。一班绅士跟在鼓乐后面,或步行,或乘轿。很明白,此处画的是地方乡绅为父母官送德政牌匾和万民伞的场景。街面上家家悬灯,这些高低不一的灯笼,不是写着"官清民安",就是大书"秋司马""秋青天",千篇一律。画幅左下角的"艮心"名章,表明此图出自《点石斋画报》社的画家符节之手。

再看图画上方的一段文字：

> 前署厦防同知秋丞嘉禾莅任月余，忽见街中家家悬挂"秋青天""秋司马""官清民安"灯笼。论者几疑有何德政，较之孔圣"期月""三年"为速，实系罕闻。嗣经吴观察密访，舆论佥云：有一二劣绅逢迎，传谕地保，多做灯笼，挨家分送。凡悬灯之户，厅主均用名片道谢。始知"官清民安"，原来如此，可谓不明义利、丧尽廉耻矣。尤其甚者，凡该处绅商，皆勒令致送牌匾，颂扬德政。虽间有不肖劣绅谄媚迎合、徇情致送者，有贡商金益和等不服诛求，据情控告。于是向之粉饰惟恐不及者，至此遂大白于天下。

末后还有作者的几句感慨，算是结穴之笔："嘻！近世州县每当离任之时，无不有人恭颂德政，其果有政绩可纪者有几人哉！予故观于此而有慨焉。"缀于文后的押尾章，更以"欺世盗名"四字画龙点睛。

有了这段文字相对照，纯粹用写实笔法描绘的街景、人物，才透出强烈的讽刺意味来。以后"茧叟"（一般认作吴趼人）所作小说《胡涂世界》（1906年出版），写一个官瘾传授升官秘诀，其中也说道：

> 在任时第一要联络绅士。要晓得地方官这些万民伞、德政牌，并不是百姓送的，百姓一样出钱，却亦不能不出钱。出钱之后，绅士来还官的情。上司闻知，他也不晓得这个诀窍，还只当是民情感戴呢。

（卷十）

可见这种伪造民意、强奸民意的勾当，在"怪现状"层出不穷的晚清官场，倒该算是见怪不怪呢。

不过，秋嘉禾的时代要早些，候补的官员又多，难免被人盯上。而且，与小说中绅士得钱、官员得名（当然，"名"也以"利"为旨归）的情况略有不同，送牌匾的钱或许还得由绅商自掏腰包，自然会激起"绅怨"。下有控告者，上有访察者，两面夹攻，秋嘉禾只好解职回乡。这才有了现在绍兴的秋瑾故居——和畅堂（图3），那原是秋嘉禾为安顿全家所租的宅第。

走笔至此，单就《点石斋画报》一面立说，似乎也可谓言之成理。不过，因该画报的新闻来源多半出自《申报》，在未与报纸相印证前，终觉心中不安。而一旦细究

图 3　秋瑾故居和畅堂

之下,所得结果又令我大为讶异。"奇文共欣赏,疑义相与析",正不妨将有关文字一并录出。

自秋嘉禾 1890 年 12 月 6 日就任厦门海防厅同知,直至离职,在此期间,《申报》上所有关于秋氏的报道均为正面歌颂之词。且到任第一日,便充满祥瑞征兆。

此前,"厦门四乡自秋徂冬,久无雨泽,高下田畴,一律龟坼"。即使有"吴观察、彭军门关心民瘼,设坛祈雨",效果也很有限:"月前虽略沛甘霖,尚未既沾且足。""于是金门、何厝各乡社耆老,邀集男妇老幼数百人,身穿素服，恭舁神像，手执香烛，数步一跪，行抵厦门，诣龙神庙求雨，并至道署旁清水池网渔卜兆"。结果，网中尽是预兆"数日内即可得雨"的白色鱼。归途中，乡民仍如来时一般，"三步一拜，五步一跪"。而且，"往返三四十里，口念佛号，略无间断"。妙的是，到12月5日，居然"阴云四合"。6日午后，雨水也如期而至。入夜，更是"大雨倾盆，不啻银河倒泻"。这场雨直下到第三日尚未放晴，"下隰高原，土膏气润"，严重的旱情得以消除，自然"大慰农民之望"。有趣的是，《申报》报道并不将此归功于虔诚求雨的众乡民，反而联系到降雨之日上任的秋嘉禾：

> 厦门商民以为秋司马甫经莅任，即得甘霖，可谓甘雨随车矣。（1890年12月22日《鹭岛寒涛》）

于是乎，前面一大篇盼雨、求雨与最终喜降甘霖的描述，便都落实到秋氏的就职上，所谓"民望之，若大旱之望云霓也"（《孟子·梁惠王下》）。只不知如此宣扬，会不会招致日后"密访"其政绩的顶头上司"吴观察"的不满。

接下来，1891年1月5日见报的《厦门杂志》言其德政两桩，一为行道除秽，一为整顿港口运营：

> 厦门街道甚狭,兼之污秽高积,如阜如冈,以致臭气熏蒸,令人呕恶。秋司马深为不便,手书朱谕,仰各段地保传谕各处居民,每日打扫门前,清理街道,不准堆积龌龊,如违拿究。又以木板黏贴告示,禁止双桨小船抢载轮船番客行李衣箱,俾过往官商不致受其勒诈。

还在报载秋嘉禾上任之前,《申报》已有一则消息述及,因有军营中人向"收买垃圾售与乡民"者收取垃圾堆放海滩的租金,众人无钱,因此罢业,才使城内"污秽如山"。记者于是要求"有保护斯民之责者"(1890年12月15日《厦岛余闻》)设法措置。以厦门位居第一批被迫开放的五口通商城市之列,中外客商往来频繁,清洁市容,建立秩序,自是地方官应予关注的大事。秋氏的举动,也算是对《申报》呼吁的积极回应。

而如何处理中外关系,在各地官员中一向属于相当棘手的政务。秋嘉禾对此似乎也能应付裕如,当其离任之际,有报道特别加以表彰云:

> 秋司马政尚宽平,民皆戴德。而与各西员往来酬

酢,尤为不亢不卑。兹当临别赠言,特购绍兴所出状元红一一分赠,盖所以表别忱也。(4月8日《厦门近事》)

以家乡特产相赠,确实当得起"不亢不卑"之评,且尤显亲切。

不过,秋嘉禾的诸般政绩中,最突出并播扬广远的,还是其断案之神明。秋氏上任刚刚一月有余,《申报》上已有此类赞颂:

秋露轩分府莅任以来,长于折狱,民间讼案已讯结数十起,士民交口颂神明焉。至前任已结之案,或原告稍有委屈,具词求请申雪以及翻控等案,分府则萧规曹随,不肯轻议更张,以杜刁民健讼之弊。

记者虽许以"若非胸有智珠,何能如此"(1891年1月22日《鹭岛杂俎》),实则,此处透露出的是秋嘉禾老于官场的世故。即使明知其中有委屈,仍坚持不翻旧案,所谓"讯结神明",也该打些折扣。

倘若就其任期内的审案表现而言,有关记述倒是大抵首肯秋嘉禾政宽刑简。有一则故事,以"秋司马政尚宽平,

时于瘅恶之中,导人为善,颂声载道,几于有口皆碑"开头,接着讲道:

> 有一妙手空空儿,经事主获住人赃,禀送至案。司马细心研鞫,见其貌尚文秀,知非惯作穿窬者。因赏给洋银一元,令其学作好人,小本营生以糊口。一时堂上堂下,咸颂使君仁慈恺恻,颇有古君子之风。(4月5日《鹭江谈屑》)

叙述相当生动有趣。也正因心慈手软,秋嘉禾离厦之时,积案甚多。4月13日《厦门近事》对此有所描述:

> 秋司马莅任未届三月,旋即调省。署中胥差以分府到任以来,案多批驳,未行签票传提者居多。现届交卸,凡有积案,一律签票传提。是以近日差役持票,道途仆仆。

如此抓紧办案,时间匆迫,恐怕难以保证审理公正。

但秋嘉禾此前累积的声誉,还是为其在《申报》上赢得了送别掌声。黄树珍接任的调令公布后,厦门方面传出的消息是一片惋惜：

> 署厦门同知秋司马嘉禾于去冬捧檄履新，除暴安良，政声卓著。现经藩宪另委黄司马树珍署理，厦门士庶咸不免甘棠蔽芾之吟矣。（4月5日《鹭江谈屑》）

既然"政声卓著"，依依惜别，秋嘉禾获赠德政匾与万民伞，也就算不上出乎意外：

> 秋司马莅厦未经三月，慈祥恺恻，民望咸孚。兹以瓜代有期，无从借寇，因推陈、王二绅为首，公制匾伞，以表去思。本月二十日鼓吹衣冠，恭送至署。

只是途中仍出现了戏剧性场面："中途突有似疯非疯之某姓欲将伞上所书剪除，经诸绅正言斥之，其人乃呓语喃喃而去。"（4月8日《厦门近事》）加之有一被认作恶棍敲诈、批斥不准的案件又重新审理，让人心生"未知何故"的疑虑（4月13日《厦门近事》），在秋嘉禾离去前的颂歌中，已隐约透出若干不和谐音。

值得玩味的是，《点石斋画报》上《德政何在》刊出之日,已在秋嘉禾去职一月之后,画幅文字也与前述《申报》办案神明的报道针锋相对。同一报业集团的两份报刊,前后评价语调截然两样,这个弯子转得实在太大。在报社,利用后出的画报为大报纠错,肃清影响,不失为两全其美的妙法。而在当事者,不排除秋氏善于文饰的一面,另一种可能性则是,上级或后任官员出于忌恨,落井下石。无论究竟如何,官场总非清明之地,是可以肯定的。

以选录《点石斋画报》及相关历史资料编成的《图像晚清》(百花文艺出版社 2001 年版),也收入了《德政何在》这幅图。不过,因画面上方的原文乃委托他人代录,不知是哪个环节出了差错,秋嘉禾的名字误排作"秋嘉木"。在此顺便作个更正。

2002 年 3 月 16 日初稿,4 月 12 日改定于京北西三旗

黄遵宪与早期《申报》追踪

前两年指导学生写作博士论文时，在方迎九同学研究早期《申报》文人集团的《文学性和新闻性的消长》中，读到她引用的"吟到中华以外天"一句诗，引起了我浓厚的兴趣。该诗出自其时海上名士袁祖志之手，而我与一般研究者之耳熟成诵，则是由于黄遵宪的缘故。(图1) 黄氏于日本吟出的此一名句，早已被作为近代中国人走向世界的形象表述，深植在我辈学人脑海中。不意如今突然发现，原来竟有"崔颢题诗在上头"，许多联想因此而发生。

顺此线索追寻下去，一些初时并不经意的材料与背景重新浮现出来，彼此之间似乎也有了某种内在的联系和呼应。唯因人事久远，着实钩稽出其间直接的关联，目前尚力有所未逮，先姑且为研究界提供一种可以追踪的思路。

图1 黄遵宪像

1872年4月30日,《申报》在上海创刊。此时,黄遵宪远在家乡广东嘉应州,未必会及时注意到该报。此后,黄氏应试南北,踪迹常在京津、烟台,并以讲论时务知名于公卿间,其获读《申报》或许即在此时,毕竟这是内地印行的覆盖面最广的报纸。而最迟到1877年11月23日(光绪三年十月十九日),黄遵宪已经人到上海。虽然此次不过是匆匆过客,目的在以参赞的身份,随从清廷新任命的出使日本国大臣何如璋在此登轮放洋;但黄氏从政的历史既由此开端,且一出仕便是壮游海外,故诗集中先后有《由上海启行至长崎》与《十月十九日至沪,初随何大臣(如璋)使日本,即于是日由上海东渡,今十二年矣》两题咏其事,足见此行意义重大,令其难以忘怀。

当时中日之间的海路交通,以上海最称便捷。何如璋赴任既须道经沪上,而据黄遵宪回答日本友人公务忙闲之问:"此间以西人之礼拜四五日为闲,一二日最忙,往上海之船以礼拜三开。"(1878年10月28日与源辉声笔谈,《黄遵宪与日本友人笔谈遗稿》,日本东京:早稻田大学东洋文学研究会1968年版)可知驻在日本的清使馆与国内的联系全部是通过上海。每周对开的轮船,使得身居东京的黄遵宪对上海的情况也并不陌生。

作为外交官,周知内外政情、及时了解最新动态是基本功。因此,对于不通日文的何如璋、黄遵宪等人来说,阅读中文报纸也必然成为日常必不可少的功课。黄氏在日本所读报纸,本人提及的有王韬(图2)在香港主办的《循环日报》(见1880年4月9日黄遵宪与龟谷行笔谈)。而何如璋1881年为办理琉球交涉一案,上书总理各国事务衙门,内中言及日本的动向,所引据的正是上海《申报》刊登的一则《日本近闻》消息,所谓"此论上海《字林报》曾经译录,二月二十一日《申报》新闻备载之"(《复总署论球案暂缓办理书》,

图2 王韬像

《茶阳三家文钞·何文詹文钞》卷中,聚珍仿宋印书局1925年版),证明《申报》实为其时驻日使馆订阅的工作用报。

更有力的证据来自何如璋的副手、时任副使的张斯桂。何氏就任之初,曾撰有《使东述略》,并吟成《使东杂咏》六十七首。这组起草于1878年初、次年1月登载于上海《万国公报》的诗作,在驻日官员中显然具有催化剂的作用,一时应者齐起,各逞才华。日后享有盛名的黄遵宪著《日本杂事诗》(图3),1879年春写就的初稿已有一百五十四首,数量超出何作一倍多。年过六十的张斯桂也不甘落后。正

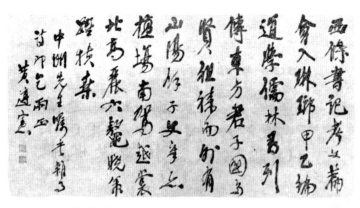

图 3 《日本杂事诗》手迹

当黄遵宪的《杂事诗》写作接近尾声之时,1879 年 4 月 2 日至 9 日的《申报》上,张作《使东诗录》已先行刊出。

《申报》在发表张斯桂之诗时,特意加了"本馆附识"的按语郑重推荐。其辞曰:

> 前读何子峨太史《使东杂咏》,洪纤毕具,倾佩莫名。因念副使张鲁生太守亦一代奇才,此次同赋《皇华》,当亦别有佳构。昨果由东洋寄到大著。披吟一过,洵与正使所作异曲同工。用特陆续照登,俾海内同人得共欣赏云尔。

这组《使东诗录》题目虽有借重何如璋之处，内容也以歌咏沿途风光与日本政俗为主；但与何、黄所取纯为竹枝词形式不同，张斯桂在七绝之外，更多七律，诗艺难度又在二人之上。而对于本文的题旨而言，更值得关注的是驻日使馆官员与《申报》编者的私人交往。

不过，讲到目前为止，黄遵宪本人尚未与《申报》直接挂上钩。总算在1885年5月9日的报纸上，我们可以读到一首童鸥居士李士棻的《寄谢黄公度太守》诗。李氏亦属于《申报》文人圈中的名士，此诗乃是因黄遵宪托王韬（号弢园）赠金于李，李感而有作。诗序述之綦详：

> 三月中旬，偕王弢园兄游龙华寺，近寺一带，桃花尚有三分可观。适弢叟得公度由日本金山寄来一书，附十二金为寿。书尾有曰：忠州李芋仙先生，老名士也。闻其游沪不甚得意，请于十二金中划四金代交芋老，为一醉之资。虽素未谋面，而叹慕芋老已非一日，当不以唐突见却也。予乃细询公度之为人。弢叟曰：其人多才而好善。惟其有才，所以爱重才人；惟其服善，所以愿交善士。予曰：仆游于名场凡五十年，遍交九州内外人士，投桃报李，无日无之。未有

一面未睹，寄资助饮，雅如公度者，得不乐斯陶陶斯？咏诗即不工，亦所以永好也。乃就僧窗脱稿，附叕叟复书，达公度一览。他日江海相逢，乐于无着［著］、天亲，益见文字因缘，非寻常所能及已。

其中所谓"日本金山"，是李士棻搞错。实则，黄遵宪此时早已离开日本，远赴美国，出任驻旧金山（其时亦音译为"三富兰西士果"）总领事。李氏不明就里，仍凭旧时印象为说。而此一错误，在同年夏日排印的李氏《天补楼行记》中已经改正过来。

此外，王、李二人的行踪也应当略加补叙。作为黄遵宪与李士棻交往的中间人，取号天南遁叟、避居香港二十年的王韬，是在1879年5月初游历日本时与黄遵宪结识。倾谈之下，极为投契，王遂将所著《弢园尺牍》赠予黄氏。黄遵宪读后，赞叹不已，致函王韬，称其"指陈时势，如倩麻姑搔痒，呼快不置。昔袁简斋戏赵瓯北（引者按：分指袁枚与赵翼），谓吾胸中所欲言者，不知何时逃入先生腹中，遵宪私亦同此"；并自承其不过"稍知一二"的时务，"而先生言之二十年前"，故衷心推服王韬之论为"冠时卓识"（1879年6月15日函，《黄遵宪研究资料选编》第340页，香港天马图书有限公司2002年版)。此语出自自视甚高的黄遵宪之口,实在很不容易。由于彼此欣赏,二人顿成莫逆之交。而李士棻作诗之际,王韬回归、定居上海尚不过一年。

至于李士棻的来历,1885年进入申报馆(图4)任主笔的黄式权,在两年前写作的《淞南梦影录》中有记述:李号芋仙,别号二爱仙人、钝榜状元,为曾国藩弟子。以拔萃生出为彭泽县令,好酒善诗,"意气飞扬,而于民社事却不甚措意"。其叙李氏沪上遭际,正可为上引李作诗序之注脚:

图4 《申报馆》(选自《申江胜景图》)

> 解组后，薄游海上，风尘侘傺，抑郁无聊，尝赋断句云："香火因缘湖海气，不应前路少逢迎。""惭愧昂藏身七尺，不能儿女不英雄。"磊落襟怀，概可想见。爱静安寺风景，尝谓：我死后得葬于此，题墓碣曰"西蜀诗人李芋仙之墓"，则于愿足矣。寓沪三载，人皆以狂放目之，鲜有联缟纻交者。独姚倩卿校书一见倾心，问暖嘘寒，殷勤倍至。并出千金置行装，劝其遄归故里。嘻嘻！才人失路，氍氀秋风，即昔时车笠深交，亦反眼若不相识。而倩卿以十余龄小妮子，独能慷慨仗义，逾分垂青，慧眼识人，岂让红拂辈独有千古哉？（卷三）

其中虽然对才子的青楼艳遇不乏艳羡之情，但也写尽了李士棻在上海滩上的窘况。

在此困顿境遇中，突得一素不相识者慨然自海外赠金，李士棻的感激自然逾于常时。其寄谢黄遵宪的七律一首，因而全从此落墨：

> 老名士有值钱时，（"名士真能值几钱"，予题句也。）惭愧虚声海外驰。

叔度汪洋千顷量，谪仙烂漫百篇诗。

闲同遁叟餐香积（饭于昱峰大师方丈），远荷清流致酒资。

世视旧交行路等，（予尝赴友之急，几经倾囊；成人之美，不惮说项。而其人既享盛名，又沾厚禄，富于予服官之日远甚，竟未有以一字问予近状者。）谁如刘、孔结新知。

第二联以东汉名士黄宪（字叔度）称美黄遵宪的雅量，而引唐代大诗人李白（时人叹为"谪仙"）自拟，其疏狂个性仍可概见。末句典出东汉末年孔融向刘备求助事：孔任北海相，因黄巾军来侵，出屯都昌，反为其将领管亥围困。"融逼急，乃遣东莱太史慈求救于平原相刘备"。其时刘备在袁绍与曹操争锋的格局中，尚实力未充，因而"惊曰：'孔北海乃复知天下有刘备邪！'即遣兵三千救之，贼乃散走"（《后汉书·孔融传》）。尽管心怀感激，李士棻出语仍不失分寸：以潜力未发的刘备喻指黄遵宪的前程远大，固然是赞美；但以博学、刚直的名士孔融自喻，自家的身份也很尊贵。何况此番的刘、孔结交，主动者是黄而不是李，"老名士"当然更有理由为之自豪。

若是不计较仕途的穷通幽显，东京时期的黄遵宪，其生活形态倒与滞留上海的李士棻有几分相近。日本明治年间妓业的繁昌，令旅居其地的中国人印象深刻。何如璋虽然尊为"钦差全权公使大臣"，也照样入乡随俗，不回避招妓侑酒。作为参赞的黄遵宪于是也无所顾忌，甚至一反常态，在与日本友人源辉声的笔谈中，便尽多风月谈。黄氏自我表白说：

> 仆生平未尝一游花柳地，以为如佛所谓味如嚼蜡者。及来日本，以为东国佳丽之所萃，又每每呼之侑酒，是又学孔子之无可无不可也。（1878年11月16日与源辉声笔谈）

所言可能确是实情。但既已认同于此异国风气，其鉴赏尺度或者评价标准，也因此而与在国内时有所不同。

最有名的一例是对于《红楼梦》的评说，黄遵宪的推崇、赞赏直是无以复加。其言已成文学史研究中的名论：

> 《红楼梦》乃开天辟地、从古到今第一部好小说，当与日月争光，万古不磨者。恨贵邦人不通中语，不能尽得其妙也。……论其文章，直与《左》、《国》、《史》、

《汉》并妙。(1878年9月6日与石川英、源辉声笔谈)

尽管从文章的角度说,黄遵宪更赞叹的是《红楼梦》的语言艺术,称赏作者"乃北京旗人,又生长富贵之家,于一切描头画角,零碎之语,无不通晓,则其音韵腔口,较官话书尤妙"(1878年10月4日与源辉声笔谈);但其关于《红楼梦》是空前杰作的评价,原也包含了对于故事情节及其所蕴涵的思致的肯定。

黄遵宪之细读《红楼梦》,并施以圈点,固然起因于源辉声的借阅;不过,身处异域,别有会心,其对于日本女子的体认正不妨借《红楼梦》之言以发抒。仿照贾宝玉"天地间灵淑之气,只钟于女子,男儿们不过是些渣滓浊沫而已"(《红楼梦》第二十回)的名言,黄遵宪也有一番见景生情的议论:"山川清淑之气,不钟男子,而钟妇人,莫日本为甚,古所谓女儿国、美人国,殆即指日本也。"(1878年11月21日与源辉声、石川英笔谈)恰是将《红楼》场景嫁接到日本语境中的典型范例,这也可谓黄氏在东瀛读《红楼梦》的特殊感受。设想黄遵宪彼时尚未出国门,便说不出此等见心见性、口无遮拦的话,应该不能算是武断吧。

无独有偶,喜说《红楼》的风气此时也正盛行于上海滩,而尤以《申报》文人圈为最。由《申报》主笔钱徵与蔡尔康共同编辑的四集《屑玉丛谈》,1878年出版的第二集中,便收录了前一年王芝岑专为《红楼梦》填写的《题红词》。另一主笔何镛(字桂笙)也在1877年长夏有《琴浮山房红楼梦词》之作,编入《屑玉丛谈三集》(1879年版)。何氏在《自序》中盛赞《红楼梦》之写情冠绝群书:

> 《红楼梦》,情书也。他书之情显,是书之情隐;他书之情浅,是书之情深。

为其深情所感,"不能自禁",何镛于是"因情生文",而有此七十三首词作。

另一与《申报》主笔关系密切的海上文人邹弢,干脆自号"潇湘馆侍者",出典也在《红楼梦》。邹氏初读该书不过十四岁,来到上海后,跻身于《申报》文人群,彼此感染,自然对《红楼梦》嗜好更深。其云:

> 《石头记》一书,笔墨深微,初读忽之,而多阅一回,便多一种情味。迨目想神游,遂觉甘为情死矣。

可谓"夫子自道"。邹因读《红楼梦》"手不能释","心追意仿,泪与情多,至愿为潇湘馆侍者,卒以此得肺疾",却仍然"不能自解"(邹弢《三借庐笔谈》卷四《小说误人》)。1879年,邹弢曾绘《潇湘侍立图》,广求题咏,一时成为《申报》诗词唱和的热点。诸作之中,至交俞达的题诗显然最能传神:

妃子情深子细参,红楼一梦现优昙。
区区供养寻常事,不侍妆台总不甘。

(慕真山人《题〈潇湘侍立图〉》其二,1880年10月27日《申报》)

而从邹弢的"凭虚且写意中痴"(俞达上题诗其三),到自名"忏情生"的袁祖志为海上名妓薛宝琴所拟联,"我为黄浦江头客,卿是《红楼梦》里人"(《北里新联》),一转手间,这些洋场文人已经打通内外,进入书中,扮演起《红楼梦》中的多情主人公。

这样的叙述从作品发表的时间看,应该说是次序颠倒,袁祖志的联语其实初见于1875年1月2日的《申报》。但此例亦可说明,《申报》文人对于《红楼梦》的集体爱好确是由来已久,根深蒂固。于此,申报馆之热心出版《红楼梦》续书、图册,如《红楼梦补》《红楼复梦》(同为1876年)、《增刻红楼梦图咏》(1882年)等，便可称其来有自。而此种弥散于报章的风气，可以随着《申报》漂洋过海，在同样吟赏烟花的黄遵宪心底勾起一缕共鸣，亦非不可能之事。

而且，其时流行在《申报》文人中的"袁枚热"也未必没有传染到黄遵宪。初刊于1872年8月29日《申报》上的一首竹枝词，便精辟地状写出这一群体的文学动态：

> 《聊斋志异》简斋诗，信口吟哦午倦时。
> 底本近来多一种，汇抄《申报》竹枝词。
> （南仓热眼人《沪城竹枝词》其二十八）

而在《申报》大量发表海上竹枝词的袁祖志，恰是取号简斋的袁枚之孙，其在当时的洋场文人中享有很高的声誉。由他整理的《小仓山房集》也适时出版，愈发推动了袁枚诗风的普及。

就在一海之隔的日本那边，黄遵宪也屡次提到袁简斋之名。上引1879年黄氏以袁枚赞许赵翼之言推奖王韬的时论，即为一例。迨王韬回至香港，寄赠《蘅华馆诗录》，黄遵宪读后，又以"才人之诗，只千古而无对也"相称扬，评价不可谓不高。此一断语并非随口敷衍，而是与苏轼、袁枚有过一番比较：

> 弟每读近人诗，求其无龌龊气、无羞涩态者，殊不可多得。先生之诗尽洗而空之，凡意中之所欲言，笔皆随之，宛转屈曲，夭矫灵变而无不达。古人中惟苏长公、袁子才有此快事，然其身世之所经、耳目之所见，奇奇怪怪，皆不及吾子远甚也。（1880年10月1日与王韬函，《黄遵宪研究资料选编》第362页）

也即是说，在黄遵宪眼中，古代才子之诗，首屈一指者为苏、袁二人。王韬又以经历之丰赡奇特胜之，故黄氏许为卓绝千古。无论此评语是否恰切，黄遵宪对袁枚之崇敬有加、于其著作十分熟悉，已显露无遗。

说到这里，开头提及的"吟到中华以外天"这一名句的出处，也可以作一分剖了。1880年春，海上文人陈鸿诰（字曼寿）将赴日本，别号"仓山旧主"的袁祖志有诗赠行。该诗刊载在1880年3月20日的《申报》，题为《曼寿先生有日本之游，以诗留别，依韵奉和，即乞郢正》。其中第三章如下：

> 一曲骊歌动绮筵，离情脉脉酒杯边。
> 输君远击中流楫，愧我方牵就岸船。
> 蜃市楼台供旷览，鸡林声价羡高骞。
> 风骚第一攸关事，吟到中华以外天。

篇末已引人注目地使用了这一此后流传甚广的诗句。

按照邹弢的记述，陈鸿诰此去日本，带有谋生的性质。而当时日本文士中仰慕中国文化者尚大有人在，陈去后，日本的"墨客诗人，咸来题访"。因陈与在政界颇有地位的副岛种臣、竹添进一友善，得其揄扬，故有众多好诗者前来从学，陈氏因此得意非凡（见《三借庐笔谈》卷九《诗人得意》）。

实际上，陈鸿诰一到日本，黄遵宪便已知闻。1880年4月9日，黄遵宪在与日本友人龟谷行的笔谈中，即提及陈氏。黄称：

> 近又有一好事人曰陈曼寿来神户，能诗与书。

在回答龟谷其人为"吏乎？游客乎？上海人乎？"之问时，黄遵宪对陈氏的来历显然极为了解，所谓"卫铸生流亚，禾中人"，便同时道明了陈鸿诰卖艺文人的身份及其出身浙江秀水的籍贯。至于用来举示的卫氏，1876年葛元煦编写的《沪游杂记》卷四《书画名家》中有这样的介绍："常熟卫铸字铸生，行书兼铁笔。"而作为上海著名书画家的卫铸此时正在东京，并且，陈鸿诰恰是应其邀请而赴日。自署"禾郡陈鸿诰曼寿甫"的辞行诗开头两句便说道："故人招我海东游（谓铸生），夙约今番愿始酬。"（《将之日本，留别沪上诸同人，均乞和章，以光行色》其一，1880年2月25日《申报》）不过，从黄遵宪的话中也可以看出，他此时显然还未与陈鸿诰见面（根据何如璋、黄遵宪等人的行程，可知从上海到日本，须先经神户，再到横滨、东京），其所知晓的陈氏情况固然可以直接得自他人，但日常阅读《申报》的所见所闻，倒更容易使他把陈鸿诰与卫铸联系起来。如此说来，袁祖志题赠陈氏的诗作，黄遵宪也应该是看到的。

两年以后，1882年春，已经颇有外交经验的黄遵宪调赴美国旧金山。临行前，黄氏作《奉命为美国三富兰西士果总领事留别日本诸君子》（《人境庐诗草笺注》卷四，上海古籍出版社1981年版）诗五首。恰恰是在这组辞行诗的第三首中，出现了与袁祖志送行诗同样的句子：

> 海外偏留文字缘,新诗脱口每(忽)争传。
> 草完明治维新史,吟到中华以外天。
> 王母环来夸(书)盛典,《吾妻镜》在访(考)遗编。
> 若图岁岁西湖集,四壁花容百散仙。
>
> (难忘雅集西园会,古代衣冠满座仙。)

括号中的字句为抄本所录,应该更接近黄遵宪诗作初稿。而"吟到中华以外天"一句始终无改动。

这里还必须进一步申说的是,即使黄诗有可能受到袁祖志的启发,但袁氏也并非自出机杼,不过是师承其祖而已。袁枚的《小仓山房外集》有《尤贡甫出塞诗序》一文,中云:

> 是以贤者好游,诗多束发从军之句;男儿作健,吟到中华以外之天。

这才是袁、黄诗共同的出处。黄遵宪因熟读袁枚集,自然也可以自行发现、采用此典;但在袁祖志,毕竟"诗是吾家事"(杜甫《宗武生日》),用祖父之典更属轻车熟路。

不过,从"好事人"一说的口吻中,还是透露出黄遵宪对陈鸿诰颇有些不屑。"文人相轻",自古已然。何况,其时刚刚进入外交界的黄遵宪正志向远大,对喜爱吟风弄月、卿卿我我的洋场文人自会有一份发自心底的轻蔑。其感觉多半与吴趼人评论早期《申报》文人相似。在《二十年目睹之怪现状》中,作家假托小说人物阅读1884年的《申报》,一是指责其"诲淫":"看到后幅,却刊上许多词章;这词章之中,艳体诗又占了一大半。"一是嘲讽其轻狂:"那一班斗方名士,结识了两个报馆主笔,天天弄些诗去登报,要借此博个诗翁的名色,自己便狂得个杜甫不死、李白复生的气概。"(第八、九回,《新小说》第11号,1904年10月)。料想落入黄遵宪眼中,时常在《申报》后幅露面的陈鸿诰也逃不脱"轻薄文人"的讥评。

而一旦离开日本,转移到美国,再没有如许多通汉文的外国友人围绕身边,请教聊天,回想在东京的时光,黄氏才开始珍惜,感觉其处处值得留恋。此时再与日本朋友通信,先前那种掩饰不尽的文化优越感所带来的倨傲之态已全然不见,所谓"追忆前与阁下诸君子文酒相从,何等欢燕",以至自白,"仆视日本,实有并州故乡之思,见贵邦人,如见吾乡人"(1884年8月6日黄遵宪与宫岛诚一郎函,《黄遵宪研究资料选编》第326页),黄遵宪的心态显然大有改变。

此时还望海上，原先那些看不入眼的文人诗酒追逐应酬之作，以其呼朋引类，而一并变得令人歆羡。在此情境下，李士棻才有可能得到黄遵宪远自美国寄赠的买醉之资。也即是说，颇感寂寞的黄遵宪终究还是参与到早期《申报》文人相互借重援引的文学场域中。

2004 年 7 月 4 日于京西圆明园花园
2006 年 12 月 29 日修订

彭寄云女史小考

1897年12月6日，在上海的张氏味莼园（俗称"张园"）安垲第，举行了有中外妇女一百二十二人参加的盛大集会，目的是讨论中国女学堂（后更名为"中国女学会书塾"）的创办事宜。这在中国教育史上是件大事，笔者专门撰有《中西合璧的上海"中国女学堂"》（见《学人》第十四辑）一文详细论考，此处不赘。当时上海多家报刊或抄载女学堂章程，或记述大会盛况，反应热烈。而一向留意洋场新事物的《申报》，这一次却表现迥异。

大会前，《申报》于12月4—5日，倒也接连在广告栏刊出《中国女学堂大会中西女客启》，声明："本学堂邀请诸女客，专为讲求女学，师范西法，开风气之先，并非如优婆夷等设筵以图香积也。"不过，此启事属于学堂的自费广告，《申报》收了钱，没有理由不刊登。此外，12月5—6日，该报也在正版的最末，刊登过女学堂有关大会事项的两则来稿。而由报社本身采写的中西女士大会的直接报道却只字皆无。能够代表《申报》观点的是一篇旁敲侧击的"社说"，题目虽很时髦，名为《男女平权说》，其实却专唱反调，且立论迂腐。

该文开篇即征引传统读书人奉为最高权威的"四书五经"之言，大谈男女有别：

> 《周易·家人之卦》曰：男正位乎外，女正位乎内，男女正，天地之大义也。古之圣王，制作礼乐以范围人伦，俾尊卑有等，长幼有序，贵贱有别，厘然秩然，不使稍有紊乱。而于男女之间，尤处处间之以礼。授受则不使相亲，饮食则不使与共，诚为之辨别嫌疑，整齐风俗，以立男女之大防者，其意固深且远也。

在"男女平权"呼声渐起的时代，作者却坚持"抑阴扶阳，亦天地自然之理"的成见，便自觉地站到了反对开办女学堂的立场上，以"女子之学"为"本非要务"。应该承认，本文作者颇有眼光，早已预料到女权思想传播、女子教育兴起将会带来的"严重"后果："国家最为紧要之事"，如"公使之辑睦邦交，议员之品评国政，学校之培护人才"，均将有女性参与。这样一幅令《申报》主笔不寒而栗的前景，无疑会瓦解其如此看重的"厘然秩然"的传统社会秩序。为防患于未然，要求"重复古制，俾民间庶媛稍识礼义之大防，而仍不废酒食之议、桑麻之勤"，便被作者视为当务之急。

意在将女子固定在家务劳作中的《男女平权说》系于1897年12月14日（光绪廿三年十一月廿一日）见报，文中虽未道及中国女学堂之事，但锋芒所指，一目了然。学堂首倡者经元善因而立刻给予回应，在两天后撰写了《女学堂同仁致申报馆书》（1897年12月29—30日《新闻报》）。此信措辞颇为婉转，始则曰："拜读贵报廿一日弁言男女平权一说，煌煌巨制，学贯中西，而暗寓指教之婆心，三复回环，五体投地。"继则言，女学堂"开手办法章程"，与《申报》"赐教诸节，语语吻合"，疑心主笔们误听传言。不过，经氏兴办女学的决心在信函中还是表现得相当坚定："知中国女学之当兴，既为中西人士异口同声，守此移山之愚，力小图大，勉为出而襄佐，亦难逆睹其事之果有益与否。"而其最后附答《沪报》的指责,"何舍此少学一百八十兆之丈夫不教,必孳孳然欲教此向来未学之二百兆女子",也有一语双关之意。男学已有官府操心,"在吾侪草茅下士,只好与难养之女子、小人说说法而已"。与答《申报》馆一样,其言貌似谦恭,实是以退为进,自觉承担起民间自办女学堂的责任。

不过,顾虑到《申报》在全国、特别是江南一带拥有巨大的影响力,经元善还是殷殷致意,希望其"中西主笔诸善长仍敦夙昔古道,不我遐弃",如此,则"女学幸甚,同人幸甚";"否则,贵报风行宇内,远者不察,见有此一说,必疑为办理者不妥,以阻其好善之诚",是"一言兴丧,关系匪浅"。然而,《申报》主事人却并未如经氏所期望,将其来函登出;亦未"憬然有悟","再挥彩毫",更正前说。但如果因此而认为《申报》完全无视经元善的要求也欠准确,只是稍作弥缝的表示乃出自《申报》系统的另一名牌——《点石斋画报》而已。

1898年春,《点石斋画报》第五〇九号(利五)发表了《裙钗大会》一图(图1),对前一年的安垲第盛会作了追写。安垲第本是张园中著名的西式建筑,图中描绘中外妇女杂坐一室,围桌聚谈,气氛融洽。画面上的文字简单回顾了大

图1 《裙钗大会》(《点石斋画报》)

会的缘起：

　　上海女学堂之设，倡议于电报局总办经莲珊太守，而严筱舫观察、陈敬如军门、施子英太守等从而助之。既大会宾客、互相讨论、妥定章程矣，又以事关坤教，非大启巾帼之会，不足以广集益之思。爰于去冬十一月十三日，假座张氏味莼园之安垲第设筵畅叙。是日到者，华官以蔡和甫观察之夫人为主，而沪上各官绅瀛眷从之，西国各领事及各状师之夫人，并教会中各童贞女，亦罔不簪环毕集，杯酒联欢。共计到者一百二十有二人，而西女居其大半。

此中的"经莲珊"即为经元善，时任上海电报局总办。严筱舫本名信厚，施子英本名则敬，均在沪地经商。陈敬如则是被《孽海花》作者曾朴尊称为"陈季同将军"其人，当时的职务是南市马路善后局总办。早先，陈氏曾留学法国，并担任驻法、德使馆随员。所娶法国太太，中文名"赖妈懿"，受聘为中国女学堂"洋提调"。在此次大会上，赖氏率两女陈骞（槎仙）、陈超（班仙）出席，陈季同则在"局外照料"（《女学堂中西大会记》，1897年12月12日《新闻报》），一家人显得极为活跃。这次活动也可说是维新派家眷的一次盛大聚会，诸如康有为之女康同薇（文僴）、梁启超夫人李端蕙等均在座。而当日与会的外国女士有六十五位（赖妈懿不计在内），人数更超过了中方女性。依照发起人经元善的算法，此回的大宴宾客已属于第四次会议。第一次大会是1897年11月15日在一品香西菜馆举行，参加者有四十八人，随后在各报刊发了《女学堂试办略章》。

上述《点石斋画报》的说法可与当日的《新闻报》报道印证,堪称无误。但关于上海道台蔡钧(字和甫)的夫人亦曾到场的记载,却与事实出入。先是蔡钧复张謇函,对于女学堂事颇表赞成,且声称"愿为骥尾之附"(《监督蔡榷使复女学堂张季直殿撰书》,1897年12月2日《新闻报》);经元善因此在中西女士大会前三日,具函邀约,"敬请宪太太、小姐贲临"(《女学堂上蔡榷使书》,1897年12月5日《新闻报》),并在《中国女学堂大会中西女客启》中,以"敬请道宪与有司官太太亲莅,率诸命妇以陪外宾"相号召。但张园大会当日,蔡钧家人并未到场。《点石斋画报》所以致误的原因,应该是与《申报》曾刊载蔡复张书并中国女学堂启事有关。

这一次,《点石斋画报》对中西女士大会总算给予了正面肯定:"是诚我华二千年来绝无仅有之盛会也,何幸于今日见之!"只是,在表赞之前,却有出人意外的一笔:

> 最奇者,京都同德堂孙敬和之私妇彭氏寄云女史亦与焉。

经德国海德堡大学叶凯蒂博士提示,我才对一百二十二人中唯一被画报主稿人点名道姓的彭氏发生了兴趣。

现在所能见到的中国女学堂创办初期的所有文字中，彭氏均以"寄云"之名出现。继男董事（称"外董事"）们两次聚会商议之后，12月1日（中历十一月初八），女学堂的"内董事"及提调、教习们也举行了第三次筹备会议，会商12月6日宴请细节。彭氏出席了此次集会，由经元善写交《新闻报》的报道中，记其名为"归乐安、蜀东彭宜人寄云女史"（《名媛会议》，1897年12月3日《新闻报》）。

在12月6日的中西女士大聚会中，彭寄云的表现相当突出。按照经元善的叙述，其在席间"不假思索，拈毫抒论一首，合坐传观，中西翕然，其才之敏、学之富，已足概见"（《〈浣雪楼诗抄〉跋》，1898年2月11日《新闻报》）。彭氏流传于世的诗文作品本来极少，这篇《叙女学堂记》因此值得全录（据《女学堂中西大会记》，1897年12月12日《新闻报》；文字与经元善辑《中国女学集议初编》微有不同）：

今上御极之二十三年，秉承尧母之德，以孝养治天下。天下之子妇，敦《内则》，饬《闺箴》，鼓钟之章宣于上，江汉之化应于下，洵极一时之盛欤！申江，五洲聚处，风气最先，而女学阙如，非所以维护坤教也。寓沪古虞经莲山太守贤伉俪，偕同仁创办中国女学堂,十一月初八日柬邀海上名媛,于沪南桂墅里为璇闺第一集,十三日假座张氏味莼园,为中西大会第二集。

是日也,天朗气清,惠风和畅,香车宝马,联袂而来。清谈永昼,详考中西女学之利益,并拜读提调沈太太同侄媳章恭人规条,论议均尽美尽善。至议散后,已夕阳西下矣。众善交征,共襄旷举。开历朝未有之风,惠及巾帼;培他年勃兴之气,芽萌海上。

惟事属创办,经费浩繁。章程虽议妥叶,慎始方可图终。鄙见以筹经费为第一要义。自愧略知涂画,愿助微劳。拟仿各善堂劝捐成法,画图贴说,石印成册,随《申》《新闻》各日报附送。由一县推及各县,一省推及各省,想普天下不乏贤媛,亦闻风兴起耳。集腋成裘,聚沙成塔,质诸同志,以为何如?异日佳话流传,书不胜书,容再拈毫濡墨记之。

十三日,凡与集共百二十二人。座中博学妙才,首推南海康文僩小姐,而侯官陈棨仙、班仙两闺秀亦堪媲美焉。是为记。

光绪丁酉仲冬,彭云[氏]蜀东寄云女史识于安垞第之南窗。

因此次大会的主旨是商讨中国女学堂的具体办理方法，所以，"华提调"沈瑛与其内侄媳章兰扮演了主角。二人向会议提交了校舍设计图样及事先草拟的《内办章程》七条，"遍呈中西女客传观"，博得了众人的肯定。由经元善执笔、《新闻报》1897年12月9日起连载四天的《女学堂中西大会记》，也用了一半以上的篇幅介绍此中心议题。这在彭寄云的《叙女学堂记》中当然不会遗漏。

但彭文毕竟不同于客观的新闻报道，在纪实之外，还要自抒己见。与身世相关，她对学堂经济方面的考虑更多。所谓"鄙见以筹经费为第一要义"，在日后屡兴屡蹶的众多女学堂实践中，已被证明为有先见之明。

说到彭寄云的身世，又不可不提及其丈夫。尽管《女学堂试办略章》(1897年11月18日《新闻报》)第一条"立学大意"便规定，"堂中一切捐助创始及提调、教习，皆用妇女为之"；可局内局外人都明白，中国女学堂从提议创办到筹集经费，起决定作用的还是那班"外董事"。并且，在发起人中，出身商界者占了很大比重。虽然其人表面上具有亦官亦商的身份，而那些头衔多半是花钱买来，在当时也不是什么秘密。套用现在的说法，这批人可称为"开明绅商"。彭寄云的丈夫亦属此列。

按照《点石斋画报》上的称呼，彭夫之名为"孙敬和"；而《女学堂中西大会记》开列的出席者名单中，彭寄云被表述为"孙镜湖司马太太"。二说应该都不是孙氏当日的正式名称，因为在1897年12月12日，《申报》补登《中国女学堂乐助衔名捐数第二单》遗漏的三人中，排在第一位的正是"候选同知新安孙瑞之妻、诰封宜人蜀东彭氏寄云女史"，其捐款数额为"开办经费洋银二十元、常年经费洋银十元"。

幸好《裙钗大会》的配图文字中，于孙瑞名前尚冠以"京都同德堂"的确切所属，为查考其人及彭寄云女士的生平提供了难能可贵的线索。初见"京都同德堂"字样，以为是北京的某家商号。不料，翻检此时期的《新闻报》与《申报》广告，接连刊登的"京都同德堂远埠购药清单"，药局地址却写明为"上海英大马路五福弄"。延至1902年4月7日，《申报》上又可见到《上海京都同德堂有限公司新迁广告》，声明："本堂因五福弄口原处房屋窄小，今为扩充起见，特移至英大马路虹庙西首红砖大洋房。"也即是说，药店仍位于今上海南京东路北侧，不过略向西移，从五福弄口迁至石潭弄口而已。

有此一段误会，再读《二十年目睹之怪现状》(图2)时，

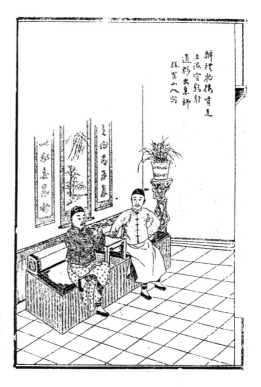

图2 《绘图评点二十年目睹之怪现状》(新小说书社1916年版)第二十八回插图

便很容易"对号入座",发觉书中影射京都同德堂之处。一般说来,小说讲究虚构,故其言多不可信。引小说情节作为考证材料,难免会被有识者耻笑。不过,据小说界老前辈包天笑回忆,吴趼人写作《二十年目睹之怪现状》时,曾给包"看一本簿子,其中贴满了报纸上所载的新闻故事,也有笔录友朋所说的,他说这都是材料,把它贯穿起来就成了"(《钏影楼回忆录》第358页,香港大华出版社1971年版)。据此,《怪现状》里有本事者正不在少数。陈平原在《中国小说叙事模式的转变》(上海人民出版社1988年版)中因而认为,"如果不限于以作家本人笔记对勘本人小说","《二十年目睹之怪现状》的索引将大有可为"(第178页)。只是我这里的程序是颠倒过来,并且,有言在先,鲁迅所批评谴责小说之"过甚其辞""伤于溢恶"(《中国小说史略》第二十八篇《清末之谴责小说》),在下引段落中亦不可免。

《二十年目睹之怪现状》第二十八回到二十九回,以某人在妓院里偷了支银水烟袋,被捉进巡捕房,后经一报馆主笔保出,并未重办的话题作引子,讲了一段故事:

> 这个人姓沈,名瑞,此刻的号是经武。……以前号辑五,是四川人,从小就在一家当铺里学生意。这当铺的东家是姓山的,号叫仲彭。这仲彭的家眷,就住在当铺左近。因为这沈经武年纪小,时时叫到内宅去使唤,他就和一个丫头鬼混上了。后来他升了个小伙计,居然也一样的成家生子,却心中只忘不了那个丫头。有一天事情闹穿了,仲彭便把经武撵了,拿丫头嫁了。谁知他嫁到人家去,闹了个天翻地覆,后来

竟当着众人,把衣服脱光了。人家说他是个疯子,退了回来。这沈经武便设法拐了出来,带了家眷,逃到了湖北,住在武昌,居然是一妻一妾,学起齐人来。

以下叙说沈瑞在武昌,由一个现任通判出钱,开了个当铺。不久倒闭,他还从通判那里讹诈来三千银子,"一齐交给那拐来的丫头。等到人家告了,他就在江夏县监里挺押起来。那丫头拿了他的三千银子,却往上海一跑。他的老婆,便天天代他往监里送饭。足足的挺了三年,实在逼他不出来,只得取保把他放了。他被放之后,撇下了一个老婆、两个儿子,也跑到上海来了"。

接下来写沈瑞到上海后,找到那个丫头,三千银子已花完。"于是两人又过起日子来,在胡家宅租了一间小小的门面,买了些茶叶,搀上些紫苏、防风之类,帖起一张纸,写的是'出卖药茶'。"后被到上海游逛的山仲彭撞见:

> 他二人也是吃惊不小,只道捉拐子、逃婢的来了,所以一见了仲彭,就连忙双双跪下,叩头如捣蒜一般。仲彭是年高之人,那禁得他两个这种乞怜的模样,长叹一声道:"这是你们的孽缘,我也不来追究了。"

二人方才放了心。仲彭问起经武的老婆,经武便诡说他死了;那丫头又千般巴结,引得仲彭欢喜,便认做了女儿。那丫头本来粗粗的识得几个字,仲彭自从认了他做女儿之后,不知怎样就和一个报馆主笔胡绘声说起。绘声本是个风雅人物,听说仲彭有个识字的女儿,就要见见。仲彭带去见了,又叫他拜绘声做先生。

作者说,这就是沈瑞"做贼得保"的来由。并且指认,沈"因为辑五两个字的号,已在公堂存了窃案,所以才改了个经武"。

下面的叙述便和"京都同德堂"挨得上边了:

从此之后,那经武便搬到大马路去,是个一楼一底房子,胡乱弄了几种丸药,挂上一个京都同仁堂的招牌,又在报上登了京都同仁堂的告白。谁知这告白一登,却被京里的真正同仁堂看见了,以为这是假冒招牌,即刻打发人到上海来告他。……京都大栅栏的同仁堂,本来是几百年的老铺,从来没有人敢影射他招牌的。此时看见报上的告白,明明说是京都同仁堂,分设上海大马路,这分明是影射招牌。

而这个专门派来打官司的"能干的伙计",还是遭了沈瑞的暗算。沈将其灌醉后,"连夜把那招牌取下来,连涂带改的,把当中一个'仁'字另外改了一个别的字"。最后还教训那个伙计一顿:"阁下这回到上海来打官司,必要认清楚了招牌方才可告。"此节末尾关于沈瑞的药铺营生也有交代:"混到此刻,听说生意还过得去呢。"吴趼人发表这段文字时,时间已到了1905年8月(见《新小说》第十九号)。

这一节小说的回目是"控影射遭伙出京师",其中真真假假,不可不信,亦不可全信。如所说直接假冒京师同仁堂名号应是小说家言,当不得真;但1890年7月25日京都同德堂在《申报》做印有图标的广告,声称:"本堂药品极多,此后方单有此收付图章,方是真正老铺正阳门外分上洋英大马路西。""上洋"乃是上海的别称;"分"者,分号也。同仁堂恰是位于北京正阳门外。这则广告故意含混不清,很容易使人误会此"京都同德堂"即是京师同仁堂的分店,不能不说是商家的狡狯。何况,冒牌射利,在昔日的上海滩正是屡见不鲜。以狭邪小说《海上繁华梦》闻名的孙玉声,在其《退醒庐笔记》(山西古籍出版社1996年版)中便专有《冒牌巧思》一则,记录晚清上海商界的种种鬼蜮伎俩。如述"祥芪肥皂之酷似祥茂,'芪'、'茂'二字其音大不相同，而将'芪'字草写，其形恰似'茂'字，以致涉讼公庭，原告为祥茂洋行，而祥芪卒以并未冒牌获胜"。据此，则《二十年目睹之怪现状》的描写仍属事出有因。而我正是读到"影射"情节，才联想其事或许与孙、彭夫妇有关。

另据1899年6月8日刊登在《申报》广告栏的《谢京都同德堂主人惠万应四时救急良茶序》，作者周福清正是因"老友京都同德堂主人孙镜湖司马"馈赠药茶，方才医好急症，则小说中写沈瑞以卖药茶起家也是有所本。

至此，小说中人名之利用谐音，已不难考知。"沈瑞"之为"孙瑞"，"辑五""经武"之对应"敬和""镜湖"，料想大致不错。孙瑞是否有正室，尚不知晓，但那所谓"拐来的丫头"，必为彭寄云无疑。彭之自署籍贯"蜀东"，有文才，都可与小说描述相印证。而且，即使孙瑞只有彭氏一人为妻，依据礼法，其婚配并非由主人媒定，而属于"私奔"，这也应该就是《点石斋画报》称彭为孙之"私妇"的缘由了。至于吴趼人以鄙薄的口吻写孙、彭之恋，则与其主张"恢复旧道德"（《自由结婚》评语，1908年3月《月月小说》第十四号）的伦理观一致。在这一点上，投身商界的经元善便开通得多，其以"孙镜湖司马嘉耦"（《〈浣雪楼诗抄〉跋》）称彭寄云，便相当得体。而以今日的尺度衡量，孙、彭二人直可谓为"自由恋爱""自主婚姻"的先驱，理应大力表彰。

因此，也可以想象，在爱情、婚姻方面有勇气打破旧礼法束缚的彭寄云，对于史无前例的女学堂的出现，该抱着何等兴奋的心情，寄予多么殷切的希望！与《叙女学堂记》所表达的"开历朝未有之风""培他年勃兴之气"一脉相通，其《步蒋畹芳女史女学堂中西大会原韵》（1898年4月20日《新闻报》）诗二首，更突出了女子教育乃文明之举的时代新意识：

诲人不倦力心殚，百兆裙钗另眼看。
但愿中西同一志，风行海内更何难！

女学堂堂幸有基，申江风气挽回时。
不将半教咄[嗤]邻境（他国以吾华妇女不学为半教之国），巾帼多才盛在斯。

复按蒋兰（字畹芳）原作：

转移风气苦心殚,巾帼须眉一例看。
此日开基诚不易,他年踵起自何难?

经营缔造辟新基,不栉英才吐气时。
学贯中西臻美备,四方闺秀萃于斯。

(《女学堂中西大会记》,1897年12月12日《新闻报》)

彭氏诗作虽显得稚嫩,但热情可嘉。

除上引一文二诗外,检索胡文楷所著《历代妇女著作考》(商务印书馆1957年版),于卷十六有《四云亭》八册,系根据胡士莹编《弹词宝卷书目》著录,署"(清)彭靓娟撰",并称其"号寄云女史,四川人"。据读过该弹词的台北"中研院"中国文哲研究所的胡晓真博士记述,书目全称为《绘图绣像四云亭新书全传》(图3),共二十四卷,光绪二十五年(1899)出版;有自序一篇,末署"蜀东浣雪楼主寄云女史彭靓娟",其书室名"海上双砚斋"。据此,彭寄云之本名应为"彭靓娟"。书成之日,中国女学堂(中国女学会书塾)尚存在。弹词中并有《镜湖闲评十则》,则"妇唱夫随",仍可谓佳话。关于《四云亭》的分析,有胡晓真的《海上富贵与乱世焦虑——从弹词小说〈四云亭〉论晚清上海妇

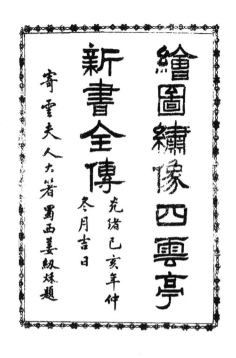

图3 《绘图绣像四云亭新书全传》书影

女的时代意识》(见《晚明与晚清——历史传承与文化创新》,湖北教育出版社 2001 年版)一文在,读者尽可观览。另由孙瑞送交经元善、并由经作跋的彭著《浣雪楼诗抄》一卷,却不知是否幸存人间。

最后值得一提的是,《点石斋画报》的《裙钗大会》图,在由中国女学堂与中国女学会主办的《女学报》(图4)第二期(1898 年 8 月 3 日)上,也曾经予以转载(图5)。感谢美国莱斯大学(Rice University)的钱南秀教授,是她向我提到了这

图 4　《女学报》创刊号首页

图 5　《裙钗大会》(《女学报》)

张图,并把该期《女学报》赠送给我。其间最引人注目处,是重刊之作上端的文字已非原样。经核对,《女学报》的《裙钗大会》图仅删去了"最奇者,京都同德堂孙敬和之私妇彭氏寄云女史亦与焉"之句,于是,通篇顿改旧观,纯粹变成了对女学堂的歌颂,这倒也符合原图文字押尾所用的"彤管流芳"四字义。此一改动在文章作法上可说是"点铁成金",只是对于我的考证来说,原初的败笔却更有价值。而《女学报》的寄售处,也包括了"北市英大马路同德堂药铺"(《女学报告白》,1898年10月6日《中外日报》),则孙瑞、彭靓娟夫妇对中国女学堂各项活动之热心支持,在此已表露无遗。

2001年3月6日于东京弥生寓所

吴趼人与梁启超关系钩沉

往往有这种情况，一篇已酝酿多时的考据文字，直待关键史料发现，才犹如一地散钱，忽然得到贯穿的线索；又如堵塞的河道豁然贯通，顺流直下，即可领略两岸的旖旎风光。原先零落的材料与缺乏验证的预感，便可在此一史料的统领下，自然整饬成篇。而对于吴趼人（图1）与梁启超（图2）这个题目来说，霍坚（俪白）的《梁任公先生印象记》就具有这样的作用。

此前，论及二人关系，最先也会最多谈到的，应该是列名于"四大谴责小说"的吴趼人撰《二十年目睹之怪现状》，一向被视为由梁启超倡导的"小说界革命"代表作。该书以及吴氏的不少小说，也是在梁启超主办的《新小说》杂志上开始连载。至于二人之间是否有过直接的交往，则基本不在

图1　吴趼人1907年贺岁照　　　　图2　梁启超1902年留影

考虑之列。因为吴趼人以办《采风报》《奇新报》《寓言报》等娱乐性小报成名，与先后主编《时务报》《清议报》《新民丛报》等政论杂志的梁启超不在一个层次；而友人记吴氏"以小说名家，诙诡玩世，不可方物"（雷瑨《文苑滑稽谈》卷四《滑稽诗话》，上海扫叶山房1914年版），也与政治家兼学者的梁启超形象大异其趣。"道不同，不相为谋。"二人虽曾有戊戌变法前二年同寓沪上的经历，但此后天涯暌隔，要见也难。如断言其未曾往来，也绝不出人意外。

意外地倒是在编辑《追忆梁启超》（中国广播电视出版社

1997年版)时,我读到霍俪白的《梁任公先生印象记》(《时事新闻》第十一期,1949年1月),在这篇副题标为"为先生逝世二十周年纪念作"的回忆文章中,居然提到了吴趼人曾招待过流亡日本的梁启超。那段话是这样写的:

> 弱冠游学沪滨,适值先生自日本潜赴香岛,路过上海稍事勾留,偶于乡前辈冯挺之先生席上一遇之,初见平易无异常人。次日复于吴趼人先生(即我佛山人)座上再瞻丰采,趼人先生固淳于髡之流,多方为余揄扬,并谓是君虽少,曾居印度有年,深知印度国情,熟谙梵文等语。实则余虽曾随父执旅印三年,略操印度流行语,他非所习也。

就所述情景看,梁启超与吴趼人并非初见,且已有相当交情,吴氏才会在梁为清廷通缉的亡命客时,无所顾忌地接待他。

需要考证的是此事发生的年份。查检丁文江与赵丰田编纂的《梁启超年谱长编》(上海人民出版社1983年版),可以知道,自1898年9月21日"戊戌政变"发生后,梁启超逃亡日本,到1910年10月21日吴趼人去世,其间梁曾三次往来上海。依照上文"自日本潜赴香岛，路过上海稍事勾留"的条件，第三次即1907年阴历四月间的回沪，显然应该排除，因有梁启超六月八日《与南海夫子大人书》自述，"数月来奔走于上海、神户、东京之间"（第409页），此次显然未至香港。

另外两次行踪，一在1900年，梁启超《三十自述》中曾道及：

> 至庚子六月，方欲入美，而义和团变已大起，内地消息，风声鹤唳，一日百变。已而屡得内地函电，促归国，遂回马首而西。比及日本，已闻北京失守之报。七月急归沪，方思有所效。抵沪之翌日，而汉口难作，唐、林、李、蔡、黎、傅诸烈先后就义，公私皆不获有所救。留沪十日，遂去，适香港。

这次梁启超的仓促回国，本是为策应唐才常、林圭等筹划的"自立军"起义。此役乃是"戊戌变法"失败后，维新派集中最多精锐与财力、寄予厚望的武力行动。其迅速惨败，对作为组织者之一的梁启超，所受心理打击之大，可想而知。且梁氏此行，在沪不过十日，虽曾见过后任《时报》

编辑及《新新小说》主笔的陈景韩（即陈冷血），当时陈氏却是以"同志"而非小说作者的身份与梁秘密会见①。因此，以情理推之，梁启超似无心情和余暇与尚处于编小报生涯的吴趼人会面。

1904年的情况就不同了。据《梁启超年谱长编》于该年项下所记：

> 先生以正月杪返国，往香港开会。二月末旬由港至沪，留数日，与狄楚青、罗孝高筹画开办《时报》各事。三月，复返日本。（第336页）

既要办报，自然须联络同仁，与在报界已颇有影响的吴趼人见面，也属顺理成章。何况，吴氏此前已开始在横滨出版的《新小说》上发表作品，与梁并非陌路人。还有一个细节，可从侧面证明吴、梁沪上相见是在此时。根据后来进入《时报》馆做编辑的包天笑回忆，那时《时报》除总

---

① 这一情节在当年负责接待梁启超的狄葆贤（楚青）所述《任公逸事》中有记述："庚子七月任公曾在上海虹口丰阳馆十日，任公以日本料理不甚佳，由余家日日送小菜以佐餐。任公到之第三日，陈景韩在丰阳馆与谈二小时，乃初次见面也。"（《梁启超年谱长编》第255页）

主笔罗普（孝高）外，"另外有两位广东人"担任主笔，其一即是冯挺之（包天笑《钏影楼回忆录》第318页，香港：大华出版社1971年版）。那么，梁启超在赴吴氏之约前会见冯氏，应该也是为筹办《时报》事。并且，霍坚记此次会面后，接下来又说到，"顾是时立宪论与革命论激战甚烈"。而就时间言，1906年发生的这场论战，也更接近于此时，而与1900年隔远。

从会面情形看，因在座尚有多人，可知是吴趼人邀约梁启超，而非梁之主动求见；否则，梁氏也不便为照顾霍坚，"遂舍众客侧席独与"霍谈。由此亦可推知，吴趼人与梁启超此前应已相识。这里，用得着吴氏生前挚友周桂笙的一段追述：

趼人先生及余，皆尝任横滨新小说社译著事，自沪邮稿，虽后先东渡日本，然别有所营，非事著书也。（《新庵笔记·吴趼人》，上海古今图书局1914年版）

吴、周二人为《新小说》撰稿，起始于1903年10月印行的第八号杂志。吴趼人在该期一口气发表了历史小说《痛史》、社会小说《二十年目睹之怪现状》与写情小说《电术奇谈》，并在"杂录"栏刊出《新笑史》,其文字占了那本刊物的大半篇幅,并由此一跃而为《新小说》的第一写作主力。关于吴氏赴日时间,编有《吴趼人研究资料》(上海古籍出版社 1980 年版)的魏绍昌推定为 1903 年冬,即在最初"自沪邮稿"横滨《新小说》社之后。而吴趼人与周桂笙加盟后,《新小说》在第八号与第九号之间,仍有十个月空前绝后的长时间停顿。虽然在此期间,《新小说》社连同承担其印刷的《新民丛报》社活版部,正从横滨市山下町一五二番迁至一六〇番,可能会造成刊物的脱期;但其延误时间之久也让人疑心,吴、周二人大约正在此时"后先东渡日本"。查梁启超 1903 年踪迹:正月应美洲保皇会之邀,游历美洲;十月二十三日(西历 12 月 11 日)复返横滨(见《梁启超年谱长编》)。据此而论,梁氏应该有机会与吴趼人碰面。这大概就是吴在沪上邀约梁启超的前因。

至于吴趼人去日本所营何事,周桂笙未作说明。魏绍昌在《鲁迅之吴沃尧传略笺注》中曾提供了一个说法:

> 据其堂弟吴植三在一九六二年说,趼人在沪曾助理广智书局业务,此去与《新小说》社联系出版发行事项有关。(《吴趼人研究资料》第 6 页)

魏绍昌虽然谨慎地表示,"姑录此说待证",但这多半是事实。从1905年2月出版的第二年第一号（总第十三号）起,《新小说》的发行所已正式由先前的横滨新小说社,改为上海广智书局。或许是为了表示与"国事犯"梁启超撇清干系,以掩人耳目,这期刊物上还故意刊登了被梁氏一再痛骂的"清太后那拉氏"的照片。而《新小说》的移师上海,应该就是吴趼人东渡商谈的结果。

1901年于上海开办的广智书局,是维新派在国内最重要的出版机构,主要由梁启超在日本遥控。初期经营状况一直不佳,这在梁与同人的书信中屡有述及。即使光绪二十九年（1903）游美归来,十二月十八日（西历1904年2月3日）致书蒋智由时,梁氏仍在为"今年广智亏累不少"（《梁启超年谱长编》第335页）而苦恼。在此情况下,吴趼人将多种小说交由该书局出版,无疑是对这一维新事业及时而有力的支持。根据魏绍昌与日本樽本照雄先生著录的吴趼人小说版本①,可以

---

① 见魏绍昌编《吴趼人研究资料》与樽本照雄编《（新编增补）清末民初小说目录》（济南：齐鲁书社,2002年）。另,1909年,吴趼人在《中外日报》发表《（社会小说）近十年之怪现状》（后改名《最近社会龌龊史》）时,撰有《自序》一篇,清点其历年所作小说,一向为研究者所重视："计自癸卯始业,以迄于今,垂七年矣。已脱稿者,如借译稿以衍义之《电术奇谈》（见横滨《新小说》,已有单行本）。如《恨海》（单行本）,如《劫馀灰》（见《月月小说》）,皆写情（转下页）

看出,吴氏清末刊行的小说单行本,约略一半出自广智书局。现举示如下(包括长篇小说与笔记):

《电术奇谈》二十四回,出版于光绪三十一年(1905)八月;

《二十年目睹之怪现状》一百零八回,自光绪三十二年(1906)二月,至宣统二年(1910)八月,陆续分八卷出版;

《中国侦探案》,光绪三十二年(1906)三月出版;

《九命奇冤》三十六回,自光绪三十二年(1906)七月,至同年八月,分三册出版;

《恨海》十回,光绪三十二年(1906)九月出版;

《劫余灰》十六回,宣统元年(1909)出版;

(接上页)小说也。如《九命奇冤》(见横滨《新小说》,已印单行本),如《发财秘诀》,如《上海骖录》(均见《月月小说》),如《胡宝玉》(单行本),皆社会小说也。兼理想、科学、社会、政治而有之者,则为《新石头记》(前见《南方报》,近刻单行本)。……惟《二十年目睹之怪现状》一书,部分百回,都凡五十万言,借一人为总机捩,写社会种种怪状,皆二十年前所亲见亲闻者,惨淡经营,历七年而犹未尽杀青。"(1909年4月20日《中外日报》)郭长海据此而将署名"抽丝主人"的《海上名妓四大金刚奇书》与署名"茧叟"的《瞎骗奇闻》与《糊涂世界》排除在吴作之外(见氏之《吴趼人写过哪些长篇小说》,日本《清末小说》第十七号,1994年12月)。但《海上名妓四大金刚奇书》已有论者证明为出自吴趼人之手(见何宏玲《〈消闲报〉与吴趼人的〈海上名妓四大金刚奇书〉》,《清末小说》第二十八号,2005年12月),至少不当除外。

《最近社会龌龊史》二十回（未完），宣统二年（1910）九月出版；

《趼廛笔记》，宣统二年（1910）十二月出版；

《痛史》二十七回（未完），宣统三年（1911）出版。

其中原在《新小说》连载者，版权固然可保留在广智书局，但《恨海》乃直接以单行本面世，《劫余灰》与《最近社会龌龊史》（初名《近十年之怪现状》）分别初刊《月月小说》与《中外日报》，最终也花落广智，可见吴趼人与广智书局的关系确实非同一般。而除《新石头记》与《上海游骖录》，吴氏最重要的小说已尽包括在内。

从1903年10月与《新小说》结缘，到1906年11月《恨海》的出版，可以算是吴趼人与梁启超所主持的杂志及书局的第一度"亲密接触"。其后的中断，显然是因为由吴趼人担任总撰述的《月月小说》在1906年11月创刊。这不仅导致了《新小说》的停刊[①]，也使得吴氏随后的几部小

[①] 《月月小说》第二号（1908年11月）广告曰："本社……特聘我佛山人、知新室主人为总撰、译述。二君前为横滨新小说社总撰、译员，久为海内所欢迎。本社敦请之时，商乞再三，始蒙二君许可，而《新小说》因此暂行停办。"又，郭浩帆在《〈新小说〉创办刊行情况略述》（日本《清末小说から》第六十六号，2002年7月）中，对此说作了考证。

说，如《胡宝玉》《俏皮话》《上海游骖录》与《发财秘诀》，改由承担《月月小说》发行的乐群书局与群学社出版①。而1909年1月《月月小说》停办后，吴趼人又立刻恢复了与广智书局的联系，虽然留给他的时间已经不多了。

考察吴趼人小说的署名，除常用的吴趼人及由其化出的趼人、趼等，"我佛山人"应是最通行的名号。其他如"岭南将叟"只偶尔一用。其中值得注意的是"老少年"或"中国老少年"之署，首见于光绪三十一年（1905）八月开始在《南方报》刊发的《新石头记》，再现于1906年出版的《〈中国侦探案〉弁言》。此笔名之使用，显然与梁启超写作《少年中国说》，并自署"少年中国之少年"有关。视其为对梁氏维新理想的呼应，应该不算太离谱。

更值得考究的是吴趼人的小说创作与梁启超的内在联系。以前的研究者讨论"四大谴责小说"时，虽也将其纳入"小说界革命"的框架中，并认定其在结构、笔墨上受《儒林外史》影响甚大，但这只属于精神上的契合，而缺乏确

---

① 《月月小说》第一号（1906年11月）刊有《声明版权》，称："本社所登各小说，均得有著者版权。他日印售告全后，其版权均归上海棋盘街乐群书局所有，他人不得翻刻。特此先为预告。"至第九号，《月月小说》改由群学社经办，也曾刊登过类似声明，见《月月小说》第十号封三之《特告》。

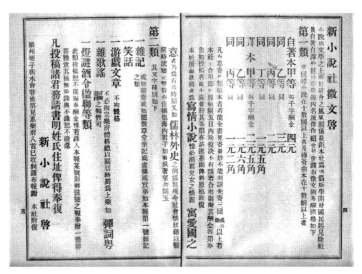

图3 《新小说社征文启》(《新民丛报》第十九号)

凿的证据。1997年，笔者到美国哈佛大学哈佛燕京图书馆查阅资料时，在《新民丛报》第十九号（1902年10月）的初版本上，偶然发现了一则《新小说社征文启》(图3)，才自认为找到了"谴责小说"文体发生的由来。这一在《新小说》出刊之前登载的征文启，应该是出自刊物创办人梁启超之手，其关于来稿要求的说明，对作家的写作自然会产生诱导的作用。而其中特别强调：

> 本社所最欲得者为写情小说，惟必须写儿女之情

而寓爱国之意者，乃为有益时局。又如《儒林外史》之例，描写现今社会情状，借以警醒时流、矫正弊俗，亦佳构也。

由此便不难理解，为何李伯元的《官场现形记》与吴趼人的《二十年目睹之怪现状》这两部最接近《儒林外史》风格的小说，会不约而同在1903年出现；而吴作写情小说《恨海》与《劫馀灰》开卷发论，也总要在儿女之情外，说出另一番"情"之理。

追索吴、梁遇合，大概最让人难以置信的是，吴趼人的作品中，与梁启超本人的著述关系最密切、形迹最明显的，竟是其最不能被人理解的《胡宝玉》(署名"老上海"，乐群书局1906年版，见图4)。先是1926年，有署名"稗史氏"者在《我佛山人之赝品》中，指认收入《我佛山人笔记四种》中的《上海三十年艳迹》"乃假托也，原为一小册子，名曰《胡宝玉》，出自另一人之手笔"(《说荟》九，《红玫瑰》第二卷第十五期，1926年1月)；后有王俊年在《吴趼人年谱》中颇为疑惑地提及："作者和当时的广告都把《胡宝玉》列为'社会小说'，其实它只是一部写上海妓院生活的笔记而已。"(《中国近代文学研究》第三辑第297页，中山大学出版社1985年版)

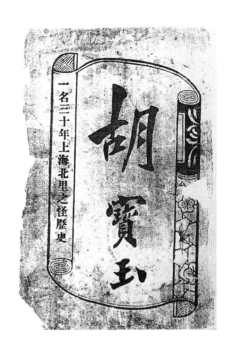

图4 吴趼人《胡宝玉》书影

关于前说,有吴趼人《近十年之怪现状》(《最近社会龌龊史》)的《自序》在,明确自承为《胡宝玉》的作者,已毋庸置疑。而将《胡宝玉》从吴趼人的著作中剔除出去,或者否定作者本人冠之以"社会小说"的定义,其实都是因为无法想象,已经显示出强烈的社会批判意识的吴趼人,何以会为一名妓女立传,为腐败社会肌体上的毒疮妓院浪费那么多的笔墨。

我起初也未尝不抱有同样的疑虑。迨熟读过梁启超的

图5 梁启超《李鸿章》书影

《李鸿章》(图5)，此次再重读吴趼人的《胡宝玉》，便突然有新的发现：二书在题目、构思以至章节设计上是如此的相似。

《李鸿章》(横滨：清议报馆1902年版)又名《中国四十年来大事记》，是因为梁启超认为："四十年来，中国大事，几无一不与李鸿章有关系。故为李鸿章作传，不可不以作近世史之笔力行之。"(《序例》)而《胡宝玉》正题下也径直署有"一名《三十年来上海北里怪历史》"，吴趼人也是希望通过此书，"乃得见此胡宝玉为上海数十年间冶艳历史中之旋涡中心点"(第一章)。

篇章布局上也好有一比:《李鸿章》第一章为《绪论》;第二章《李鸿章之位置》分述"中国历史与李鸿章之关系"及"本期历史与李鸿章之关系";第三章题为《李鸿章未达以前及其时中国之形势》。以下各章分别从"兵家之李鸿章""洋务时代之李鸿章""中日战争时代之李鸿章""外交家之李鸿章""投闲时代之李鸿章""李鸿章之末路",论述了李鸿章一生行事。最后一章即第十二章为《结论》。而《胡宝玉》第一章名为《发端》,末章即第八章也称《结论》。中间从第二章到第四章依次为《胡宝玉以前之北里》《胡宝玉以后之北里》《胡宝玉同时代之北里》;第五章笔端拉开,写《上海游客豪侈之一斑》;以下才言归本传,是即第六章《胡宝玉本传》。而传主之迟迟登场,更显示出作者意在借胡宝玉,写出晚清上海妓院史,进而透显出沪上奢靡风气的形成与变迁。(图6)

而上文漏过的第七章《胡宝玉之比拟》,又是明显脱胎于《李鸿章》一书《结论》中的第一个子题目"李鸿章与古今东西人物比较"。梁启超将李与霍光、诸葛亮、郭子仪、王安石、秦桧、曾国藩、左宗棠、李秀成、张之洞、袁世凯、梅特涅、俾斯麦、格莱斯顿、梯也尔、井伊直

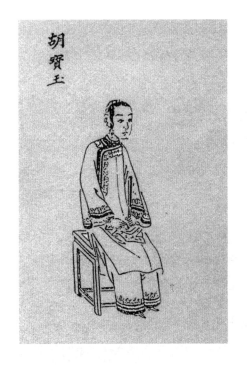

图6　胡宝玉小像（《海上名妓四大金刚奇书》）

弼、伊藤博文等十六位中外名人相比，以确定李鸿章的历史定位。《胡宝玉之比拟》则分列"与诸妓之比拟""与诸鸨之比拟""与群盗之比拟""与神怪之比拟"四节，所比之人近至稍后成名的妓女林黛玉，远至小说中的虚构人物孙行者，看似杂乱。但如果因此认为，这是吴趼人的游戏笔墨，故意将《李鸿章》一书庸俗化、妖魔化以取悦读者，则属误读与失察，不会为吴氏所首肯。

其实，在《胡宝玉》的《结论》一章，吴趼人曾特意为此书之撰著作了一番辩白。其说先以发问引出：

> 或曰：胡宝玉一妓女耳，其传不传何足道，其得若失更何足以撄吾人之心？顾乃费纸费墨费日月费精神而为之传，又复罗列各妓女之历史以实之。金圣叹有言："世间笔墨匠，造成笔墨，乃遭如此人如此用！"毋亦可以已乎？且今之时，何时也！识时之士，方且竞出其新思想新学问，著书立说以饷国人；不足，又翻译西书，取材外族。今不从事于此，而独浪费笔墨，为此无益著述，纵不为人所齿冷，宁不自恧耶？

这一责备以今天的眼光看来，可谓义正词严。但吴趼人并不认可，且辩称其著作实有深意。按照他的说法，胡宝玉虽不过一妓女，却能"转移风气"，"维持典型"，足以作"知改良风俗之为急务"的"英俊少年"与"知保全国粹为要图"的"老成持重者"的示范："呜呼！以一妓女能为之者，顾如许之英俊少年、老成持重之流皆甘放弃其责任，滔滔天下吾将安归？此《胡宝玉》之所由作也。"这便是《胡宝玉》与《二十年目睹之怪现状》同列为"社会小说"的原因,在吴趼人,本是以庄重、严肃的态度写作这部笔记的。

此说还可得到一个证明。为撰此文,近日重翻《吴趼人研究资料》,才发现吴之挚友周桂笙早在《胡宝玉》出版不久,即已在书评中揭示了其有意模仿梁启超"全仿西人传记之体"(《李鸿章·序例》)而写的《李鸿章》一书之底牌:

> 此书之作,即所以传宝玉者也,故名之曰《胡宝玉》。仿《李鸿章》之例,其体裁亦取法于泰西新史。

接下来,周氏正面阐述了此书的意义:

> 全书节目颇繁,叙述綦详,盖不仅为胡宝玉作行状而已,凡数十年来上海一切可惊可怪之事,靡不收采其中,旁征博引,具有本原,故虽谓之为上海之社会史可也。……盖中国自古至今,正史所载,但及国家大事而已。故说者以为不啻一姓之家谱,非过言也。至于社会中一切民情风土,与夫日行纤细之事,

惟于稗官小说中,可以略见一斑。故余谓此书可当上海之社会史者此也。(《胡宝玉》,《月月小说》第五号,1907年2月;又见《吴趼人研究资料》第250—251页)

而这一评价思路,也有梁启超的《中国史叙论》与《新史学》发明在前。所谓"前者史家,不过纪述人间一二有权力者兴亡隆替之事,虽名为史,实不过一人一家之谱牒;近世史家,必探察人间全体之运动进步,即国民全部之经历,及其相互之关系"(《中国史叙论》,《清议报》第九十册,1901年9月),这一主张为国民作史与关注国民史的新史学宗旨,在当时激起了巨大反响。而吴趼人《胡宝玉》之撰著与周桂笙书评之阐发,其实正是对梁氏首倡的自觉应和。

如此,梁启超1901年撰写、次年出版的《李鸿章》,1914年由中华书局改题为《中国四十年来大事记》(据《1900—1980八十年来史学书目》,中国社会科学出版社1984年版)重新出版,尚符合作者本意;而《月月小说》创办人汪庆祺(号惟父)1915年将死友吴趼人的《胡宝玉》更名为《上海三十年艳迹》,编入《我佛山人笔记四种》中印行,而放弃了吴氏自拟的另一书题《三十年来上海北里怪历史》,则使其影写上海社会史之深心隐而不现,趼人先生于地下当亦不能心安。

以上对于吴趼人与梁启超从行迹到心迹的相遇钩沉,正好写在《新小说》创办与"小说界革命"口号提出一百周年之际,谨借此表达对先贤事业的一份敬意。

2002年10月20日完稿于京北西三旗
2005年12月18日略作修正于京西圆明园花园